# Viajar Para Trascender

SOBREPASA LOS LÍMITES CULTURALES PARA DESCUBRIR TU VERDADERA IDENTIDAD

## Gregory V. Diehl

# Travel As Transformation

---

Conquer the Limits of Culture to
Discover Your Own Identity

## Gregory V. Diehl

Copyright © 2016, Gregory V. Diehl

Todos los derechos reservados. Ninguna parte de esta publicación puede ser reproducida, distribuida o transmitida de ninguna forma ni por ningún medio, mecánico o electrónico, incluyendo fotocopias, grabaciones, almacenamiento o intercambio a través de cualquier sistema de almacenamiento y recuperación de información o transmisión por correo electrónico sin permiso previo por escrito del editor, excepto en el caso de breves citas incorporadas en revisiones críticas y determinados usos no comerciales autorizados en la ley de derechos de autor. Para solicitudes de autorización, diríjase a la editorial a través del sitio web indicado a continuación.

Identity Publications
www.IdentityPublications.com

Para obtener más información acerca de la publicación o promoción de su propio libro o curso, envíe un correo electrónico a la dirección:
contact@identitypublications.com

Viajar para Trascender/Gregory Diehl —2da ed.
Adaptación al español: Xavi Parellada y Luis Vicent
www.eraseunavoz.com

ISBN-13: 978-1-945884-50-4

Gregory V. Diehl
www.GregoryDiehl.net

David J. Wright, Globcal International
www.Globcal.net

# Contenido

Prefacio .................................................................................i
Prólogo ............................................................... ix
Parte 1: El Mundo Ordinario ........................................1
Parte 2: La Llamada a la Aventura ......................... 11
Parte 3: Partir Desde lo Conocido.......................... 25
Parte 4: Pruebas y Desafíos ...................................... 45
Parte 5: Acercarse a lo Insuperable ...................... 65
Parte 6: Victoria y Renovación................................ 81
Parte 7: Un Nuevo Hogar ......................................... 95
Parte 8: Volver a lo Ordinario ............................... 111
Parte 9: Integración con el Mundo....................... 123
Parte 10: Moldear tu Futuro .................................. 135
Epílogo
Sobre el Autor
Reconocimientos

*Para Anastasia -*
*Que me dio mi prueba final de identidad.*

## Prefacio por David J. Wright

Desde la perspectiva de un viajero, la libertad e individualidad humanas son algo que pocas personas en el mundo entienden o experimentan de verdad. No había conocido a muchas de estas personas en los últimos cincuenta y pico años, hasta el momento en el que surgieron las redes sociales. Excepcionalmente, el autor del libro que estás leyendo es una de esas personas que ha viajado por el mundo lo suficiente como para que yo confíe en aquello que nos cuenta sobre nomadismo, residencia, ciudadanía, derechos humanos y libertad en el extranjero.

Gregory Diehl está tramitando su tercera ciudadanía, es expatriado de los Estados Unidos y mantiene de forma activa su residencia en múltiples estados. Ha dado suficientes vueltas en su joven vida como para saber lo que el mundo ofrece. El lector de este libro puede esperar aprender cosas que yo considero "fuera de la norma" o "poco convencionales." Muchas de ellas desafían nuestro entendimiento convencional sobre quiénes somos y en qué podemos convertirnos al emplear lo que yo llamo una "mentalidad apátrida," que se obtiene construyendo tu identidad internacional fuera de tu lugar de nacimiento.

Establecer una identidad fuera del país natal podría no ser conveniente para todo el mundo; ya son felices sin hacerlo los ciudadanos estadounidenses, australianos o europeos, que todos juntos conforman el 30% de la población mundial. Tanto el autor de este libro como yo podemos ser considerados parte de una minoría mundial privilegiada al haber nacido siendo ciudadanos estadounidenses, aunque existen más privilegios que solo pueden ser entendidos al dejar tu país. Tal vez experimentes algunos de estos mismos beneficios tan solo leyendo este libro.

Los beneficios de los que hablo van mucho más allá de ver nuevos y emocionantes lugares. Viajar periódicamente como turista durante unas pocas semanas por rutas preestablecidas nunca te dará la comprensión necesaria para considerarte un ser libre en el mundo. A no ser que seas millonario y gastes 100.000 dólares o más en ocio, y viajes al menos varias veces al año, probablemente no te veas en la posición de convertir los viajes una parte fundamental de tu vida.

Hablé por primera vez con el autor por Skype —modo habitual de comunicación entre personas que pueden no coincidir jamás en la misma parte del mundo a un mismo tiempo— después de que hubiera escrito su libro. Supe entonces que quería leerlo porque era un libro que necesitaba ser escrito, y que el mundo necesitaba leer. Tras mi sorpresa inicial, descubrí que ya habíamos recorrido muchos de los mismos círculos que recorren otros renombrados viajeros internacionales. Después de unos minutos, ambos entendimos que compartíamos muchos intereses personales, incluyendo el emprendimiento y la ciudadanía global, y me pidió que contribuyera a su trabajo. No podía proponérmelo en mejor momento. Me estoy preparando para trasladar mi oficina a Bogotá (Colombia) desde Caracas (Venezuela) desde la que represento a una ONG internacional en calidad de embajador de buena fe y observador del proceso de paz colombiano.

La información presentada en las siguientes páginas podría no llevarte de modo inmediato a comenzar a vivir una vida nómada; tal vez porque puede que no sepas aún quién eres. Sin embargo, la historia de Gregory te enseñará, por lo menos, a ver el mundo de una forma distinta a como lo hacías antes. Quizás empieces a verlo como un lugar mejor de lo que pensabas o, como te mostrará también Gregory, puede que todo lo contrario.

Desde mi perspectiva como viajero permanente y expatriado, el libro ofrece cientos de posibilidades para quienes desean adoptar la perspectiva de ciudadanía "apátrida" o global. Estoy seguro de que garantizará a los lectores que comparten los ideales de Gregory el poder ejercer estos principios hasta el momento de llegar al cruce de caminos y tomar una elección hacia la libertad, del mismo modo que lo hacen ya muchos viajeros del mundo.

El autor y yo entendemos que este estilo de vida, en cierto modo algo extremo, no es para todos. Depende de ti, lector, cuánto entendimiento puedas expresar a la hora de definir los límites de tus horizontes y en qué tipo de persona quieres convertirte. Puedes llegar a vivir en lugares con los que otros solo pueden soñar. Y lo más importante, ser capaz de convertirte en alguien en quien pudieras únicamente haber soñado.

Me llevó más de 40 años cumplir el sueño que tenía en el instituto, mientras estudiaba geografía, de vivir algún día en el Escudo guayanés (un paisaje prehistórico entre Venezuela y Guyana); algo de lo que ya me había olvidado para cuando alcancé los 19 años. Tras llegar a muchas de las previsibles paradas en el camino que la vida me tenía preparadas, como ser un padre responsable, ciudadano, patriota, empresario, graduado universitario y otras cosas que a las que los humanos modernos se dedican, finalmente regresé para vivir en el bosque lluvioso del Amazonas. Aquí me regularicé y actualmente dirijo una ecoaldea y un proyecto ecológico que abarcan 22 kilómetros cuadrados.

Mi hogar aquí es un lugar al que llamamos Ekobius. Se trata de mi residencia legal permanente y el lugar donde soy aceptado como un miembro honorario y operativo de la tribu Piaroa. Lo único que me imposibilita residir ahí permanentemente es la situación política actual entre Venezuela y los Estados Unidos. Debido a la discriminación bilateral entre los gobiernos, debo afrontar muchas restricciones en mi libertad de movimientos en mi propio hogar. Sin embargo, como pronto seré residente de Colombia, podré moverme hasta y desde la ecoaldea con mayor libertad en un futuro próximo. Este es solo un pequeño ejemplo de la influencia que tiene la identidad nacional de una persona sobre su habilidad de perseguir sus propios sueños y su más alta identidad.

Con la ayuda de un equipo global de voluntarios y embajadores de buena voluntad, gestiono Globcal International. Somos una organización que aspira a ofrecer la primera alternativa legal a la ciudadanía e identidad estatales de acuerdo a la (nueva) Declaración de Derechos Humanos de las Naciones Unidas para el siglo XXI y a otros órganos de derecho internacional. Mediante el trabajo con los organismos existentes, creemos que este es el camino más viable para ayudar a todas las personas del planeta a alcanzar el mismo nivel de respeto y oportunidades sin importar dónde hayan nacido.

Debido a que la primera edición de este libro surge en un momento crítico para los derechos humanos, la migración, los refugiados, la paz y la globalización, creo que ayudará a otros a encontrar la inspiración para empezar de nuevo a encontrar la vida que siempre estuvieron buscando. Igualmente, les ayudará a superar los miedo y aversiones a estar solos en el mundo como individuos. El lector debe saber que tanto su ser como su identidad se basan en su existencia en relación con los demás y en las percepciones que las personas tienen sobre ellos, lo que en el superpoblado mundo actual resulta a menudo desalentador. En realidad, incluso cuando estamos solos existimos porque otros nos ven e interactúan con nosotros y permanecen a nuestro lado en nuestras mentes. La manera que tienes de aparecerte a todos los demás en el mundo es tu propia gran excursión por la vida. Todos deberían aprovecharlo al máximo. La experiencia que pones en ello y el riesgo que asumes como ser humano determinan tu éxito y tu verdadera identidad.

El año pasado hice un viaje por tierra de dos meses desde México hasta Venezuela cruzando 18 controles fronterizos de entrada y salida en circunstancias irregulares en la mayoría de los casos. Sembrada de eventos muy agradables, aunque desafiantes, fue una de las experiencias más memorables de mi vida. Pienso que, si este libro hubiese estado disponible en aquel momento, probablemente lo habría hecho mejor en calidad de viajero irregular.

Desde mi viaje, durante estos últimos meses, he trabajado en un programa de ciudadanía global que es accesible a toda persona sin importar su nacionalidad, siempre que se considere calificado para poseer un pasaporte de su propia nación. El programa comprende una credencial suplementaria al pasaporte (Laissez-Passer), un software de código abierto y un conjunto de individuos reclamando su propia identidad independientemente de su estado-nación con el objetivo de poder trabajar y viajar como ciudadanos globales a unos 10.000 destinos de todo el mundo bajo condiciones especiales, como viajeros contemporáneos. El libro que tienes en tus manos se convertirá en una parte esencial de nuestro currículo para participantes.

El proyecto que estamos desarrollando ya ha logrado un gran progreso con la ley internacional implícita en las naciones consideradas parte del escenario internacional, pero, incluso a niveles diplomáticos, los tiempos de la política son mucho más lentos de lo que podemos imaginar. Afortunadamente, el progreso realizado hasta hoy ha sorteado todos los errores que nuestros predecesores habían cometido, crear programas invalidados y rechazados que han sido declarados por autoridades como la Interpol, la Organización Marítima Internacional (OMI) y la Organización de Aviación Civil Internacional (OACI) ilegales o fuera de la ley. Documentos de viaje fantásticos, como el "Pasaporte de Autorización de Servicio Mundial" (que será mencionado en el séptimo capítulo de este libro), generan hoy en día más arrestos que autorizaciones para cruzar fronteras.

Creo que vivimos en un mundo donde las organizaciones, corporaciones e individuos son ahora las fuerzas motrices de los ideales verdaderamente globalizados. Estoy seguro de que las palabras de Gregory Diehl nos ahorrará, tanto a mí como a muchos otros, una gran cantidad de tiempo en la compresión del viaje internacional, de la migración a lugares a los que uno quiera ir y de aquello que las personas quieran ser. Por todo ello, lo recomiendo encarecidamente como parte de tu biblioteca.


Col. David J. Wright
Ciudadano global, viajero, defensor de los pueblos indígenas y ecologista
Fundador de *Globcal International*
Octubre de 2016

## Prólogo

Un turista es aquel que se aferra a su vieja cultura para mitigar la abrupta influencia de las nuevas experiencias.

Viajar con una mente realmente abierta es olvidar lo que eras cuando empezaste.

Es nacer de nuevo constantemente e identificarse con caminos que no sabías que podrían existir.

¿Qué es lo que más te afirma?

¿Qué hace falta para destruirte?

Creces en condiciones que te obligan a pensar diferente.

Cuando viajas a un lugar del extranjero, ¿experimentas esa nueva vida siendo tu antiguo yo?

¿O te conviertes en un nuevo ser?

## NO TIENES QUE SEGUIR ESTE CAMINO SOLO

Las barreras territoriales son cada vez más frágiles. Los obstáculos van disminuyendo día a día. Las personas escuchan la llamada para empezar a explorar, para descubrir un mundo mucho más grande de lo que jamás habían imaginado. No eres el único que busca respuestas a las preguntas incómodas de la vida. Existe una cooperación inconsciente a escala global. Cooperamos y nos ayudamos a través de un mejor comercio y comunicación. Estamos mejorando la vida de todos más allá de los conocimientos o limitaciones locales.

## EL PROCESO ES BIEN CONOCIDO

Un anhelo por conocer inspira a muchos a alejarse de la cotidianeidad de la vida. Su dolor son preguntas sin respuesta y cuestiones que no pensaban preguntar. Los exploradores buscan nuevos conocimientos más allá del punto de resistencia. Este es el laberinto que todos los aventureros deben recorrer. La experiencia inspira nuevas acciones. Es un camino eterno, pero maleable, de expansión mediante la indagación en lo desconocido.

## MUCHOS TEMEN DESCUBRIR ALGO HORRIBLE

Todos escondemos partes oscuras y profundas. Son acciones e ideas que nos dijeron que estaban mal. Lo que tememos de nosotros permanece inalterable hasta que crecemos dispuestos a afrontarlo. Bajo diferentes escenarios culturales, estas partes no examinadas de nosotros mismos pueden convertirse en algo más. Viajando consigues la libertad de escapar de lo que siempre has conocido. Por primera vez, podrás explorar lo que te hace ser quien realmente eres. Te retará y te pondrá a prueba como nada lo ha hecho anteriormente.

## PUEDE SER ALGO INCREÍBLE

Hay una parte de cada uno que ha permanecido en nuestro interior desde que vinimos al mundo. Es el principio de lo que somos. Es el modo con el que respondemos al cambio e interactuamos con el mundo que nos rodea. Define todo en lo que nos podemos convertir cuando las circunstancias lo permiten. Nuestros pasados no nos definen. Lo que consideras sagrado sobre tu identidad es solamente pasajero. Es tu cultura hablando a través de ti; una trampa para detener tu crecimiento. Cada nueva perspectiva, cada estímulo desconocido, es más información que te hace crecer.

## PUEDE QUE PIENSES QUE SERÁ COMPLICADO

El mundo desconocido es aterrador al principio. Aventurarse significa sobrevivir fuera de tu entorno natural. Nuestro mayor miedo se manifiesta cuando la realidad ya no funciona de la forma que conocemos. Sin las limitaciones cotidianas, nos dejamos llevar hacia todo. Los detalles de la vida vienen y van. Las reglas con las que juegas serán alteradas y recicladas. No sabrás qué es lo que funciona hasta que veas por ti mismo cuán diferentes pueden ser las cosas.

## LOGRARÁS DESPOJARTE DE TI MISMO

¿Qué queda cuando vacías tu mente? Los recuerdos de nuestro origen pueden perderse. Pensamos que solo necesitamos su estructura. No tienes que vivir como la persona que has sido. Nadie es como ha vivido su pasado, sino todo aquello que alguna vez pudo ser al mismo tiempo. Todos temen a lo que podrían llegar a convertirse. Te enfrentarás a ese miedo en el transcurso de tu viaje para conocer el mundo.

## NO ES LO QUE HACES

La meta no es aventurarse. Cada momento excepcional es una distracción del problema. Las inesperadas pequeñas cosas pueden enseñarte mucho más. Siempre habrá una nueva experiencia que perseguir. Habrá apuestas más altas por jugar. El camino termina cuando te das cuenta que las respuestas no residen ahí.

## ES LO QUE DESCUBRES DENTRO

Nadie encuentra su auténtico yo "por ahí." No hay que perseguir la libertad. Nuestra atención debe enfocarse en las ataduras que todos tenemos. Si empiezas el viaje sabiendo que aquello que asusta, que es difícil e incómodo, guarda la clave del progreso, no puedes fallar. Llegarás a donde necesites estar cambiándote a ti mismo durante el camino.

## ESTO NO ES INDEPENDENCIA

Independencia significa progresar sin importar el pasado. Es proveerte de las cosas que siempre has necesitado. El verdadero autodominio es más que moldear el mundo a tu capricho. Viajando en soledad, aprendes lo que significa estar solo. Eres testigo de aquello en lo que te conviertes cuando no hay red de seguridad y no hay nadie para salvarte. Aprendes los límites de lo que puedes ser.

## ESTO ES UNA RESOLUCIÓN GLOBAL

No puedes cambiar lo que eres. Solo puedes ser más o menos lo que eres. El mundo se verá afectado por tu crecimiento. Va tras de ti. Puedes admirarte o reprenderte, pero no puedes permanecer igual. Con una nueva identidad, creas un nuevo mundo para contenerla. Cambias las cosas para que sean como las necesitas. Este es el camino que te espera cuando resuelvas tu existencia en este mundo.

## ESTA ES TU IDENTIDAD

PARTE 1

# El Mundo Ordinario

## LA VIDA COMO LA CONOCES HASTA AHORA

Todos conocemos la historia. Algunas personas que están aburridas o infelices consigo mismas, deciden dejar atrás su vida normal por un tiempo. Viajan a una localidad exótica en busca de una oportunidad para explorar una nueva perspectiva de sí mismos y de su vida –ya sabes, una aventura–, y volver como personas renovadas. Cualquiera que no haya estudiado en universidades de Europa o se haya tomado un año sabático durmiendo en hostales por toda Sudamérica, podría sentirse excluido o tener la sensación de que se ha perdido una importante experiencia en su desarrollo. Viajar durante la juventud está considerado como un logro moderno en el sendero de vivir una vida completa y exitosa.

Quiero que dejes de pensar en viajar de esta manera. No ubiques algo tan potencialmente poderoso en ese ámbito tan simple. Viajar satisface la más básica curiosidad de cambiar lo cotidiano por algo nuevo, aunque solo sea brevemente, antes de volver a la normalidad. Experimentando cómo viven otros, obtenemos un conocimiento más profundo de nosotros mismos. La exploración nos ayuda a cuestionar los límites que nos fueron dados para evaluar la realidad; utiliza el impulso innato de descubrir lo que uno todavía no conoce y expande la conciencia de lo que puede ser conocido. Podemos también interiorizar esa necesidad de explorar y desafiar nuestro propio espacio interno.

Los libros de viaje tradicionales te enseñan a seguir los pasos de aquellos que fueron y vinieron antes que tú. Te dicen adónde ir y en qué momento del año. Te venden el cuento de que te convertirás en una persona maravillosa y cosmopolita si escalas las montañas de Nepal, vas de mochilero por los campos de arroz de Bali o de voluntario a una villa rural keniana. Existe una alternativa. Hay un enfoque holístico para viajar por el mundo que fundamentalmente te cambiará como persona. Te mostraré, a través de mis experiencias personales y los principios que muestran, qué debes esperar mientras tu percepción va evolucionando. Empezarás a comprender el mundo a tu alrededor a través de los ojos de un nuevo ser. Al mismo tiempo, obtendrás consejos prácticos y herramientas para vivir como un ciudadano global que ve el mundo entero como el patio de su casa.

Todos vemos el mundo a través de nuestras lentes subjetivas y esto moldea nuestra realidad, nuestra versión personal de la verdad. Usamos experiencias pasadas para entender cada nueva observación a medida que ocurre e incorporándola a nuestra interpretación de cómo funciona el mundo. Con el tiempo, empezamos a creer que hemos descubierto un modelo más exacto de la realidad. Cuantas más veces encontramos los mismos patrones de cambio, menos ajustamos nuestro esquema personal del universo.

Y entonces, de repente, eres testigo de algo que cambia las reglas del juego. Algo ocurre fuera de los límites de esa estructura que has trabajado tanto por construir a lo largo de una vida llena de experiencias. Puede parecer una locura. La locura es la incapacidad de la mente de conciliar sus propias ideas con la realidad. Las personas que saben que están en lo cierto permanecen ciegas ante nuevas verdades que aún no han explorado. Sufrirán hasta alcanzar un nuevo equilibrio. Poco después de convertirme en viajero, me sentí avergonzado de haber tenido aquella limitada comprensión de las cosas previamente. Viajar me mostró cuán arrogante había sido al pensar que conocía mi sitio en el mundo. No había visto que el mundo que conocía era tan solo uno de los muchos posibles.

El mundo común es un conjunto de condiciones que mantienen tu homeostasis. Lo olvidas, así como el pez se olvida del agua. Podrías permanecer siempre cómodo en él, salvo por el hecho de que no podemos siempre estar preparados para todos los cambios antes de que ocurran. El estrés es simplemente lo que sobreviene cuando no podemos procesar esos cambios lo suficientemente rápido.

Cuánto más se envejece, más estructura se necesita para aliviar el estrés del cambio. Lo nuevo nos asusta. Cuando los grandes cambios son repentinos, como la pérdida de un ser querido u otro evento que nos altere la vida, debemos decidir cómo reaccionar. Podemos combatir el cambio, tratando de defender nuestra existencia ordinaria a través de la fuerza de voluntad, o podemos aceptar el cambio adaptándonos conscientemente a la nueva situación. Cuánto más abiertos estemos al cambio, menos difícil será la transición.

A veces los grandes cambios no nos vienen impuestos. A veces dejamos atrás intencionadamente nuestra vida normal en busca de retos mayores porque no estamos satisfechos con lo que tenemos. La mente divaga por los confines del pensamiento normal, lejos de las reglas aceptadas de la realidad. Éste es un tipo de estrés auto infligido. Algunas personas luchan por permanecer lo suficientemente pequeñas como para poder ser contenidas por mundos normales. El crecimiento es un reto emocionante. La curiosidad los llama a hacer algo más grande, a convertirse en algo más. El ahora siempre está invadido por la conciencia de que hay algo más por conocer. Aún hay formas desconocidas de existir.

La mayoría no están preparados para despertarse de los itinerarios preestablecidos en sus vidas. Están encerrados en un margen de acciones permisibles. Incluso las nociones tradicionales de comportamiento anticultural son parte del problema. Cuando deliberadamente tratamos de ser diferentes, tomamos ejemplo de otros antes que de nosotros mismos. Han preparado el camino, así que podemos ser convencionalmente no convencionales. La auténtica originalidad (o la auténtica dedicación a uno mismo) requiere abandonar todos los caminos ya andados. Nadie ha vivido tu vida antes. Nadie sabe lo que significa ser tú. Nadie puede conocer todas las cosas en las que te convertirás cuando diferentes partes de ti salgan a relucir. La perspectiva es el mecanismo para este cambio.

Los exploradores e innovadores buscan activamente la incomodidad. Confían en su habilidad para resolver las cosas al instante y adaptarse al cambio. No pueden conocer todos los detalles que les ayudarán en este proceso. Solo pueden preparar sus mentes para procesar la nueva información y actuar en consecuencia. Pueden hacerlo porque su curiosidad es más fuerte que el miedo que han adquirido a perder la vida que conocen. Mi ambición es promover el crecimiento crítico de tu propia curiosidad y la desaparición total de tu miedo.

Cuando piensas en quién eres, es inevitable pensar también en el mundo que te ha moldeado. Esta versión de ti mismo es simplemente la que conoces hasta ahora. Sin embargo, actúas como si ahí acabara toda la historia. Aprende a ver tu pasado como un punto de partida, una plataforma de lanzamiento hacia los enormes cambios que te esperan cuando estés listo. Bajo estos cambios, habrá un hilo común que los una. Ese principio es tu camino, el verdadero tú que ha estado presente desde tus primeros momentos de conciencia y en cada uno de los hitos de tu desarrollo. Estos eventos no tienen por qué conformar la narrativa de tu cultura; no deben detenerse nunca.

Tu mundo ordinario es el modo en el que ves el universo encajando, funcionando fluidamente como una máquina sin contradicciones. Todo pasa por una razón, y es tu mente la que interpreta esas razones de acuerdo a su visión del funcionamiento del universo y de las definiciones subyacentes. Todo lo que llamas normal está sujeto a los límites de tu conciencia. Cuando lo normal ya no es suficiente, te diversificas de acuerdo a los patrones que ya conoces. Te exiges más en el gimnasio porque es una incomodidad conocida. Lees libros porque tu mente está hambrienta. Estos actos son necesarios para el crecimiento continuo, pero no son nada comparados con lo más desconocido. Es ahí donde nuestras predecibles reglas para la realidad fallan por completo.

Cuando la incomodidad es aplicada no solo de manera dirigida, sino hacia la misma naturaleza de cómo la mente interpreta las cosas, es cuando sucede un gran cambio de conciencia. Es lo que acompaña la transición hacia ese mundo lleno de interrogantes que conocías antes de alcanzar la complacencia del adulto. La fascinación de una huida controlada es poderosa. Viajar trae cambios rápidos a nuestras vidas, pero de una manera que podemos guiar conscientemente. Cada uno de nosotros establece los límites del hasta cuándo y dónde estamos dispuestos a entrar en lo no ordinario. Tan pronto superamos la parte emocionante de la novedad y alcanzamos nuestro punto de ruptura, podemos volver a lo ordinario. La vida normal siempre estará esperándote cuando estés cansado de expandirte. Este es el lugar en el que creciste, la gente que conoces y las actividades diarias que crean tu percepción del tiempo, el mapa de los principios operativos de tu mente. Te dice lo que eres, lo que haces y por qué deberías interesarte por las cosas.

Cuando viajas a un sitio desconocido, dejas atrás tus cargas inconscientes, y esto cuestiona todo lo que consideras normal sobre la vida. De repente no estás seguro ni tan siquiera de las cosas más básicas. El aire podría oler diferente. La gente se mueve de forma extraña. Las aceras son más estrechas y las edificaciones tienen un color distinto. Todo es anormal. Todo es importante. Todo requiere tu atención. Estos cambios sutiles afectan a la percepción de tu papel dentro del nuevo entorno. Es por eso que los viajeros a menudo no sienten que salen del estado mental de "turista" hasta que han pasado por lo menos unos meses en el nuevo lugar. Es lo que tarda el cerebro para aceptar las nuevas reglas como normales. Para viajar, tu percepción de la realidad debe evolucionar constantemente.

Sin embargo, cuando pasas un tiempo en un lugar, aprendes inconscientemente y te adaptas. Una vez que aprendes a hacer las cosas como los nativos, alcanzas un estado más profundo de identificación con las condiciones que moldean la vida humana en ese microcosmos del mundo. Esta adaptación te llena de autoconfianza porque sabes que no estás relegado a sobrevivir en un pequeño rincón. Descubres una fortaleza interna que nunca tuviste. Puedes observar de manera profunda el mundo que te rodea, convirtiéndote en el tipo de animal más apropiado para cada situación, según sea necesario. Cuando el entorno se expande rápidamente, tú también lo haces. Aprendes más; te conviertes en más.

A través de este libro, vas a adquirir algunas de las habilidades necesarias para analizar tu vida de una forma más modular. Empezarás a aventurarte más allá de los límites de la vida que siempre has conocido. La cultura te presiona a vivir de acuerdo a un plan establecido. En lugar de ello, te animo a mirar la vida como un bufé de alternativas ilimitadas. Los únicos límites reales son los principios de la naturaleza, no la imaginación del hombre. Tú eres la única persona que tiene que vivir con las consecuencias de la vida que diseñaste para ti. Solo tú creas las reglas y eres el árbitro.

No esperes para adoptar una mentalidad de cambio. Busca las oportunidades en los patrones actuales de tu vida. Siempre están ahí, pero esfuérzate en reconocerlos. La mentalidad autónoma (la parte inconsciente de ti que ya sabe cómo ir a trabajar o cómo se siente el suelo bajo tus pies) no puede reconocer nada fuera de sus rutinas. No hay forma de categorizar un cambio tan drástico.

Dejé el hogar de mi infancia en San Diego a los 18 años para explorar nuestro planeta, y, en los casi diez años transcurridos, el significado de viajar ha cambiado para mí. No se trata ya de ser extremo o poco convencional como al principio. Se trata de explorarme a través de un catalizador de nuevas experiencias. Al desafiar aquello que daba por hecho, viajar se convirtió en algo más que romper con la monotonía. Se convirtió en la única fuente de aceleración constante de mi crecimiento personal. El camino caótico de esos primeros años me liberó de los confines de la comodidad, sacudió violentamente mis entrañas forzándome a ver las cosas que no estaba dispuesto a aceptar sobre mí mismo y el mundo. Es capaz de hacerte lo mismo. Puedo darte la orientación que yo nunca tuve, orientación que pudo haber hecho mi camino más soportable en los momentos más oscuros.

Debes estar dispuesto a abordar tu propio camino de deconstrucción, descubrimiento y renovación. Al tomar esta arriesgada elección, te prepararás para una vida mucho más emocionante, intensa, desafiante y gratificante. Será más de todo. Será una vida llevada con pasión sirviendo al desarrollo de quien realmente eres, sin importar lo que acabes siendo. La alternativa es aceptar las restricciones que el resto del mundo ya te ha impuesto y pasar el resto de tu vida creciendo de una manera más limitada en tus opciones de expresarte activamente. Vivirás únicamente según el guion que tu cultura permita dentro de su propio grupo de paradigmas. Espero que las historias y lecciones de mi propio y singular camino hagan este proceso al menos un poco más fácil para ti.

Nadie más anda tu camino. Nadie más está viviendo la misma vida. Tus condiciones iniciales son las tuyas. Tus valores e inclinaciones son los tuyos. Tu destino final eres solo tú, aislado de la interferencia de lo cotidiano.

Parte 2

# Llamada a la Aventura

## INTRODUCCIÓN AL MUNDO DE LA EXPLORACIÓN

Llega un momento en que cada joven, en el camino de encontrarse a sí mismo, debe pasar por un tiempo de deliberaciones. Sin embargo, una vez abierta la puerta, parece que no haya un claro final hacia dónde esta pueda llevar. Puede preguntarse en ese momento si todo lo que les han contado es mentira, o si las personas que les enseñaron cómo funciona la vida tan solo pretendían saberlo todo.

Esa fue la conclusión preocupante a la que llegué mientras dejé mi mundo ordinario para iniciar el camino de la indagación. Una vida de viajero internacional fue la herramienta a través de la cual pude buscar mis propias respuestas a las verdades más básicas de la vida. Tuve que descubrir con mis propios ojos cómo funcionaba todo, sin importar cuánto debía alejarme de aquello que me resultaba familiar. Tal vez te hayas formulado preguntas similares en momentos de cambio radical en tu propia vida, donde todo en lo que una vez creíste pareció derrumbarse en un instante. Quizás te encuentres actualmente sumido en un estado de grandes dubitaciones y eso es lo que atrajo tu atención hacia el viajar. Las semillas de la exploración están ahí y brotarán en las condiciones idóneas.

Mi niñez y adolescencia fueron vividas en una aburrida y ordinaria existencia californiana. Era la configuración por defecto de mi vida, heredada de las acciones de los que vinieron antes que yo. Personas que pasan todas sus vidas en un lugar como este, tienden a hacer grandes suposiciones sobre la vida más allá de sus confortables paredes. Aquella visión desde dentro de la burbuja de la ciudad costera del condado de San Diego, me fue transferida automáticamente por el simple hecho de crecer ahí. Durante toda mi niñez, la frontera con Méjico, un país diferente con su propia gente, idioma y leyes, se encontraba a solo 40 minutos hacia el sur en coche. Pese a ello, y como la mayoría de los sandieguinos, no sabía casi nada sobre lo que pasaba justo al otro lado de esa línea imaginaria.

Varios años después, acabaría viviendo en Rosarito Beach, al sur de la ciudad fronteriza mejicana de Tijuana. Podía regresar a San Diego semanalmente a visitar a mi madre y trabajar un poco durante ese tiempo. El cambio repentino de temperamento, coste de la vida y cultura, me proporcionaba cada vez que cruzaba la frontera, una nueva apreciación de la ignorancia deliberada que tenían mis paisanos californianos.

Yo, al igual que la gente con la que me crié, conocía solo un poco sobre el mundo exterior porque no tenía ninguna razón para aprender. Tenía todo lo que necesitaba servido en una bandeja de clase media-alta suburbana. Aquello me volvió demasiado seguro de mí mismo en relación a cómo funcionaba el mundo, aunque, a decir verdad, ni siquiera entendía cómo funcionaba. Sin embargo, bajo el velo de una educación acomodada, yacía un verdadero deseo de cuestionar la visión del mundo que me habían dado. Una curiosidad fundamental se movía en mí, para hacerme más testigo de la realidad con mis propios ojos. Decidir actuar ante esa curiosidad ha marcado toda la diferencia.

Al alcanzar la madurez legal, inicié un viaje de exploración de mí mismo y del mundo que me rodeaba. Tuve la buena suerte de heredar una pequeña suma que me dio la comodidad de acceder a muchas opciones diferentes de estilos de vida sin la presión de tener que actuar. Debido a mi naturaleza rebelde, carecía de los mismos límites mentales que otros jóvenes adultos tenían sobre qué hacer con su recién descubierta libertad. Había estado viviendo en una furgoneta antes de aquello. Fue el medio más rápido de salir de la tutela asfixiante de mis padres y de empezar a vivir en mis propios términos. Ahora mis días en la furgoneta estaban llegando a su fin y era momento de expandirme hacia un terreno de juego más amplio.

Casi toda figura autoritaria en mi vida intentaba presionarme para ir a la universidad de inmediato. Aunque no sabía demasiado en aquel momento, conocía lo suficiente para saber que ahí no era donde residía mi ambición. Elegí un camino diferente, uno basado en el impulso y la pasión. Muchos consideraron mis acciones en ese punto de mi vida como imprudentes o carentes de visión, y quizá estaban en lo cierto. Sin embargo, en el fondo de estas decisiones había una llamada a dirigir mi vida hacia el cumplimiento del potencial del que yo me sabía poseedor.

Nunca antes había viajado, ni siquiera había tenido especial interés en hacerlo. No obstante, cuando se presentó la oportunidad de visitar a un amigo en Centroamérica, vi la siguiente gran puerta de salida a mi expresión. Al poco tiempo, tomé un avión a Costa Rica sin conocimientos de español ni de la cultura local, y sin billete de vuelta. Tampoco sabía lo suficiente como para tener miedo alguno a lo que me encontraría cuando aterrizara ni conocía el impacto general que mis acciones en ese momento podían tener en el transcurso de mi vida. Mis actos fueron impulsados por la desesperación de querer encontrar algo más de lo que ya tenía en casa. Mi destino pudo haber sido casi cualquier lugar. No me estaba tomando un año sabático ni huyendo de las responsabilidades de mi vida. Estaba abriendo una puerta a más información sobre la realidad teniendo muy poca idea de hacia dónde me llevaría.

Los siguientes nueve meses de mi vida en Costa Rica fueron un periodo de lucidez sin rumbo. Viví, por primera vez desde la niñez, sin la obligación de actuar por un fin específico. No tenía las cotidianas influencias sociales de casa para dirigir inconscientemente mi comportamiento. Las incontables limitaciones que había percibido bajo mi ambiente familiar desaparecieron. Una vez retirado ese velo inconsciente, experimenté con nuevas formas de pensar y actuar, como un adolecente californiano experimenta con las drogas.

La mayoría de las mañanas me quedaba en la cama durante horas escuchando con parcial atención los sonidos de especies de vida tropical desconocidas para mí. Todos mis sentidos parecían estar en mayor sintonía con mi entorno, como un niño pequeño viéndolo todo por primera vez. El café costarricense persiste en los registros de mi memoria como una experiencia completamente resucitadora, una asociación bioquímica total en mi mapa de referencia de la realidad. Esta sensación sirve para recordarme lo buenas que pueden ser las cosas, por lo menos, en relación a la experiencia que denominamos "café."

Me tomaba largos ratos cada día para apreciar los vibrantes colores de la increíble vegetación que me rodeaba. Las frutas comunes crecían en proporciones épicas bajo las condiciones de la selva fértil. Alimentos exóticos crecían en mi patio trasero y llenaban los mercados al aire libre del vecindario. Mis días los pasaba haciendo simplemente lo que me apetecía hacer, y en cualquier momento. Cualquier cosa ajena a lo cotidiano me estimulaba más. Empecé a entender, de una manera intensamente visceral, que había más cosas en la vida de las que había conocido en mi hogar.

Con aquel agudizado sentimiento de ser dueño de mi tiempo, me mostré cosas por las que nunca antes me había interesado. Mi aprecio por el arte y la cultura floreció. Descubrí viejas recopilaciones de música clásica, y me enamoré de *La Fille Aux Cheveux de Lin*, o *"La Niña de los Cabellos de Lino,"* del compositor impresionista francés del siglo XIX Claude Debussy. Siempre había disfrutado de las bandas sonoras de películas populares por su capacidad de contar una historia solamente con sonido. La música de Debussy pintaba imágenes de una manera similar, pero un siglo adelantado a su tiempo. Aquello me mostró una nueva cara de la música de orquesta más allá de los movimientos sobreactuados en los que todos piensan cuando se hace referencia a la música clásica. Me dio una mayor apreciación de los trabajos de personas pertenecientes a momentos históricos anteriores al mío.

Mi siguiente despertar fue el de la indagación científica. Durante largas sesiones de lectura, me encontré con dos tomos de tapa dura: *Guía de la ciencia del hombre inteligente, Volúmenes 1 y 2*, del ilustre Isaac Asimov, que estarían entre las más importantes influencias intelectuales de mi vida. Había leído varias historias cortas de ciencia ficción de Asimov el año anterior, pero no sabía que él era, en realidad, un acreditado y respetado científico. Me maravillé con su talento para incorporar innovadores principios científicos a su ficción. Tenía la habilidad de explicar conceptos complicados de manera que tuvieran pleno sentido a lo largo de la narración, alentando a los lectores a aprender sobre los principios que describía.

Descubrir el trabajo de ensayo de Asimov durante esa fase de mi vida, inició una reestructuración intelectual en mí. Asimov narró relatos personales acerca de cómo las mentes más grandes de nuestra especie habían descubierto verdades fundamentales del universo. Su enfoque de la educación era increíblemente ordenado, mostrando la cronología de los conceptos y la manera en la que un importante descubrimiento había allanado el camino para el siguiente. Para entender los organismos vivos complejos, uno primero debe entender las células especializadas que lo componen. Su explicación sobre aquellas moléculas complejas se basaba en explicaciones previas de los átomos simples y, en última instancia, en las fuerzas físicas fundamentales.

Antes de Asimov, nunca nadie me había mostrado cómo los seres humanos habían podido conocer tanto sobre nuestro universo, o cómo cada pedacito de conocimiento científico se unía fluidamente con todos los otros. Finalmente entendí que todo el conocimiento era parte de un mapa interconectado de razón, extendiéndose desde afirmaciones muy simples sobre la realidad hasta enormes. Esta forma integral de pensar le dio confianza a mi mente analítica para llegar a soluciones en torno a los problemas diarios de la vida, siempre y cuando pudiera categorizar las nuevas experiencias consistentemente y comprobar su exactitud, podría mantener mi evolución intelectual a un ritmo acelerado.

También fue en ese momento en el que acabé viviendo con un hombre de increíble bagaje. Dada su influencia aquí, me referiré a él simplemente como Swami, ya que es así como se refería a sí mismo de una manera generalmente irónica. Swami había pasado más de una década en la India como guardaespaldas de Osho, el infausto "místico espiritualmente incorrecto," durante su rápido ascenso a la popularidad en occidente. Después de aquello, cargó su barco y navegó hacia una isla cercana a Canadá donde pasó los siguientes siete años solo, atendiendo únicamente a sus necesidades biológicas inmediatas. Swami tenía muchas historias, y yo envidiaba su intrépida independencia y la ventaja vital de 40 años que tenía sobre mí.

Swami fue la primera persona a la que escuché hablar sobre conceptos espirituales tradicionales de forma no dogmática y no arbitraria. Todo lo que él enseñaba podía fundarse en la experiencia personal de un individuo en cualquier momento dado. No hacía falta que uno estudiara la historia de una religión ancestral, siguiera los pasos de algún gurú en particular o dominara alguna práctica esotérica. Sus palabras se basaban en el concepto de conceptos, algo que la persona lógica que soy apreciaba. Los conceptos eran mi dominio, herramientas que podía usar. Aquello me mostró que el logro más grande de un individuo en el camino de conocerse a sí mismo podía ser lo que muchas sectas espirituales repudiaban; la mente racional y el ego no eran enemigos del auténtico yo. Eran valiosos aliados.

Con un nuevo entendimiento del arte, la ciencia y la espiritualidad brotando dentro de mí, estaba listo para iniciar la expansión personal más rápida de mi vida. Nunca hubiese sido posible si hubiera permanecido en mi entorno cotidiano. Cuando mis viejas reglas de la vida dejaron de importar, fui libre para elegir mi propio camino. Pude explorar lo que eran las partes vitales de mi identidad cuando me deshice del contexto.

Para ir más allá en el desarrollo de mi nuevo ser y deshacerme de lo viejo, preparé una pequeña mochila y me adentré en la selva, lejos de la gente durante unos días. Quería ver en lo que me podía convertir cuando prescindía incluso de la seguridad más básica. Caminé en línea recta hasta que me cansé; construí un pequeño refugio para pasar la noche con madera caída, hojas de palma y cuerda de paracaídas. Quería eliminar cualquier distracción de la experiencia de mí mismo. El investigador en mí tenía que ver en qué me podía convertir cuando no hubiese ninguna razón para considerar las expectativas de otras personas. Lo que descubrí fue que mis procesos de pensamiento se ralentizaron dramáticamente. Cada día perdía un poco más de mí mismo, todavía inseguro de qué lo habría de reemplazar.

Pronto tuve contacto con la tribu indígena Bribri que puebla la región de Talamanca en Costa Rica, cerca de la frontera panameña. Me invitaron a quedarme con ellos unas semanas en su reserva, lo que requirió un largo paseo en canoa por la selva. La tribu no hablaba inglés y yo estaba aún afianzando mi español. Fue un reto a mi estilo de vida para el que había estado preparándome lentamente. Los Bribri vivían en elevadas cabañas de bambú sembrando y cosechando bananas y cacao para su uso personal y comercial. Fue fascinante presenciar cómo esas personas habían mantenido su cultura alejada de la sociedad convencional. A pesar de que el mundo lo estaba cambiando todo a su alrededor, ellos habían retenido su identidad cultural mediante su idioma, valores y estilo de vida.

En Costa Rica, me convertí en alguien nuevo porque me permití llenar un espacio mucho más grande. Se trataba de un conjunto nuevo de condiciones límite bajo las cuales explorar el principio de mí mismo. Era libre de pensar sobre lo que realmente quería hacer con mi tiempo en base a mis verdaderos valores. Este es un lujo que la mayoría de las personas nunca se puede permitir, no importa cuánto tiempo vivan. Siguen el camino más cotidiano, siempre reacios a lidiar con la incomodidad del cambio. Es así como las personas se pierden en el impulso del mundo. Dejan de ser lo que son y se convierten en una respuesta a las demandas de su entorno.

Cuando finalmente volví a California casi un año después de haberme ido, tan solo encontré discrepancia y miseria. No me costó mucho darme cuenta de que los nuevos atributos que había adquirido en el extranjero eran incompatibles con las limitaciones de la vida en casa. Viví lo que los viajeros llaman choque cultural inverso: la repentina incapacidad de adaptarme a circunstancias cotidianas. La familia, los amigos e incluso la primera mujer que había amado interactuaron con mi nuevo yo bajo los supuestos de funcionamiento de mi antiguo yo. Para ellos, yo no había vivido aquellos últimos nueve meses de descubrimiento personal; me había tomado unas largas vacaciones en un popular destino turístico. Había evitado las necesidades del "mundo real." Era momento de volver a la Tierra y vivir bajo los estándares que ellos habían aprendido.

Instantáneamente, pase de sentirme más vivo y auténtico que nunca, a sentir un completo abandono en el ambiente social en el que había crecido. Entendí por qué el aventurero, nunca jamás debe regresar a casa. Él cambia, pero todo a su alrededor permanece igual. La persona que fui durante la mayor parte de mi vida no era ni siquiera real. Era solo un personaje de las innumerables historias de los demás. Todos en mi vida eran autores de historias elaboradas sobre versiones distorsionadas de mí que convenientemente encajaban en su forma de ver el mundo. Sin su constante influencia, me había convertido en algo que ya no encajaba en sus historias.

Mi viaje hacia lo profundo había empezado. No quedaba otro lugar al que ir sino más allá por el camino de la indagación, explorando lo desconocido en mí y a mi alrededor. Todo lo que viene a continuación en esta historia solo es posible gracias a ese salto inicial que di hacia lo desconocido en ese punto tan crítico de mi desarrollo. Si me hubiera quedado en California bajo el paraguas de la conveniencia, difícilmente hubiera podido examinar mi propia identidad mediante las poderosas maneras que esta última década me ha permitido.

La energía de una mente activa tiene que proyectarse hacia algún lugar, o se pudre y se vuelve destructiva. Es probable que hubiese crecido como una persona cada vez más frustrada si no se me hubiese proporcionado una salida para perseguir mi ambición. Hubiese crecido resentido con la vida, culpando a la sociedad de mi fracaso en alcanzar mi propio potencial. Es por eso que era tan importante para mí aprender a ser independiente y adaptarme en el momento en que lo hice. Ojalá las circunstancias me hubieran obligado a seguir un camino similar a los 12 o 13 años en lugar de a los 18. Podría haber hecho algo más útil con mis desperdiciados años de adolescencia. Ahora necesitaba recuperar el tiempo perdido. Necesitaba nueva información sobre el mundo. Necesitaba ver en qué más me podía convertir mientras purgaba mi pasado y adoptaba mayores desafíos. No había más opción que viajar, lo que traería la misma profundidad y rapidez de crecimiento. Me obsesioné con exponerme a situaciones cada vez más incómodas. Una puerta estaba abierta y no sabía cómo cerrarla.

Cuanto más viejos nos hacemos, más difícil es dar ese crucial primer paso para alejarnos de los hábitos culturales. El avance de la mente se ralentiza según envejecemos. Reglas que no tenían ningún sentido inherente cuando éramos niños, arraigan en la mente, y nos convertimos en los progenitores de esas limitadas ideas para las generaciones futuras. No tenía por qué ser Costa Rica. Podría haber sido cualquier lugar lejos de lo que ya conocía. Solo tenía que ser lo suficientemente valiente para decir sí cuando llegara la oportunidad.

Actualmente hay innumerables viajeros blogueros que animan a sus lectores a dejar sus trabajos, vender sus casas y abandonar sus vidas para vivir como ellos lo hacen. No te voy a decir que hagas eso. No puedo saber los motivos que tienes para crear tu vida de la manera en la que lo haces. Tampoco estoy en situación de decirte que lo que era necesario para mí, lo es también para ti. Lo que sí sé es que el cambio debe comenzar en alguna parte. Es mucho más placentera la experiencia siendo tú el incitador del cambio, en lugar de verte forzado a él por culpa de alguna desgracia.

Así como la guía para la ciencia de Asimov me enseñó una nueva forma de ver la estructura del conocimiento, también aprenderás una nueva forma de estructurar los componentes de tu propia vida. Pero todo eso empieza con una elección que abre la puerta al crecimiento rápido. En mi caso, esa elección fue la de subirme a un avión, literalmente. Averigua qué es ese "avión" en el contexto de las circunstancias propias de tu vida. Y cuando ese vehículo que te lleve a donde necesitas estar aparezca, debes ser lo suficientemente valiente como para comprar el billete y comenzar tu viaje a lo desconocido.

Parte 3

# Partiendo Desde lo Conocido

## ACEPTANDO LO DESCONOCIDO

Han pasado nueve años desde que reinicié mi vida abandonando mi mundo conocido por un experimento en mi modo de vida en Costa Rica. En aquel momento, viajé con la perspectiva de un californiano que veía una nueva parte del mundo con ojos de novedad. Llevaba conmigo mi vieja cultura como única referencia para interpretar las nuevas experiencias. Ahora viajo bajo el velo de lo desconocido.

Debido a que no tengo un hogar, cualquier lugar es mi casa. Casi una década de aventuras por todo el mundo me ha dado una biblioteca variada de experiencias desde la cual moverme mientras le encuentro sentido a cada nuevo sitio que me rodea. He cambiado sobre la marcha convirtiéndome poco a poco en el tipo de persona que puede moverse fácilmente de un lugar a otro y resolver problemas a medida que sea necesario. Siento que no retengo un cómodo "yo" el suficiente tiempo como para ser por ello severamente desafiado por cualquier barbaridad o cosa rara que presencie. Solo conozco el principio que guía mis acciones, y cada día me lleva más hacia nuevas experiencias.

Ahora te escribo desde el pie de los Montes del Atlas, la cordillera más alta del norte de África. Aunque no soy escalador, la altura sirve de escape para el calor sofocante de agosto y el bullicio de la vieja ciudad de Marrakech, un importante destino turístico aquí en Marruecos. Visité este país por primera vez hace año y medio. Aterricé en la ciudad costera más moderna, Casablanca, para ver a una joven marroquí que había conocido por internet. Vi muchas posibilidades de compartir algo romántico con ella, a pesar de nuestras diferencias culturales. Ella era musulmana; yo soy laico. Ella creció en un mundo que restringía las libertades básicas de las mujeres. Yo construí mi identidad sobre el principio de exploración absoluta. Era una mezcla interesante que finalmente resultó ser insostenible.

El mes pasado viajé en avión a mi nuevo país, el número 44, desde Berlín a Bruselas. A pesar de que llegué a Bélgica desde Alemania, realmente no puedo incluir a Alemania en mi lista de países visitados. Llegué al aeropuerto de Berlín en un autobús nocturno desde Katowice,

Polonia. No he puesto los pies en Alemania en ningún lugar más allá del aeropuerto. Es, a efectos prácticos, tan solo una escala en el camino a mi destino actual, y no tengo ninguna experiencia real del lugar. Bélgica fue la parada final en una fase del viaje que inicié el mes anterior en Kiev (Ucrania). Las antiguas zonas soviéticas de la Europa del Este me han tentado últimamente. Después de Ucrania, subí hasta Minsk (Bielorrusia). Cogí a continuación un tren hacia el este cruzando la frontera rusa hasta Moscú, después hacia el norte a San Petersburgo y luego vuelta atrás hacia el oeste, hasta Tallin (Estonia) en el Espacio Schengen de Europa. Ahora estoy listo para instalarme en un lugar por un tiempo.

El Espacio Schengen es el grupo de países europeos flanqueado por Finlandia, Islandia, Portugal y Grecia (no incluyendo el Reino Unido, Irlanda ni Croacia) que comparten una política de fronteras abiertas entre ellos. Los ciudadanos de cualquier país de Schengen no necesitan sellar sus pasaportes para viajar a cualquier otro país de Schengen. Para un ciudadano que no pertenece a Schengen, como yo, también significa que solo necesito sellar mi pasaporte una vez al entrar en el área y luego otra vez al salir, aunque salga desde un país diferente del que entré. Como estadounidense, dispongo de acceso sin visado durante 90 días como turista dentro del área cada seis meses, sin importar dónde pase esos días. Es decir, por cada tres meses dentro, tengo que pasar tres meses fuera antes de poder volver. Si fuese a pasar un verano en Italia, tendría que esperar toda una estación fuera del área antes de volver a Eslovenia o Suiza. El visado es uno de esos pequeños detalles que debo tener en cuenta dado mi estilo de vida.

Después de Tallin, cogí autobuses hacia el sur parando un par de días en Riga (capital de Letonia) y en Vilna (capital de Lituania) antes de dirigirme a Varsovia en Polonia. Los autobuses suelen ser la forma más barata de moverse por tierra en cualquier parte del mundo. En pequeños países en desarrollo, puedes coger un autobús por poco dinero para ir de punta a punta del país. Los autobuses europeos son más caros, pero son más cómodos y a menudo ofrecen WI-FI a bordo, lo que significa que puedo trabajar un poco durante el trayecto. Cuando viajo rápidamente a nuevos lugares como este, busco algo insólito e interesante que destacar en mi mente. Aparte de la silenciosa vegetación de las afueras de Tallin, no vi razón alguna para volver a ninguno de ellos. No había nada nuevo que me desafiara ni como viajero ni como persona. La mayoría de las veces prefiero proseguir hacia países que aún no he visto, en vez de volver a países sin nada destacable.

Contar el número de países en los que he estado no es tan sencillo como se podría suponer. Depende de lo que consideremos qué es un país, y también lo que cuenta como haber estado allí. Según la mayoría de fuentes oficiales, actualmente hay 196 naciones soberanas en la Tierra. Sin embargo, las líneas divisorias no son siempre claras. El Reino Unido, por ejemplo, existe políticamente como una única nación, pero muchos consideran que existen suficientes diferencias culturales entre Inglaterra, Gales, Irlanda del Norte y Escocia para poder ser considerados propiamente como países. La nación políticamente soberana de Irlanda aún mantiene una fuerte oposición al Reino Unido, a pesar de estar rodeado por el mismo. Visité cada uno de estos lugares, aunque brevemente, cuando fui al Reino Unido el verano pasado. El Reino Unido también tiene dominio sobre 14 "Territorios Británicos de Ultramar" (British Overseas Territories; BOT por sus siglas en inglés), tales como las Islas Vírgenes Británicas y Bermudas. Después de Marruecos, crucé en ferry hacia España y pasé la noche en el BOT peninsular de Gibraltar. Estoy contento de incluir este territorio como mi "país" número 45.

También hay territorios en disputa que son considerados por sus habitantes como soberanos, pero que son ignorados por la mayoría de las potencias mundiales; todos ellos tienen demandas de propiedad reclamada por entidades políticas más fuertes. Según algunas cifras, actualmente hay al menos 124 países envueltos en disputas activas sobre 105 territorios diferentes. Taiwán reclama la independencia de China, y es reconocida como tal por al menos otras 25 naciones. Sin embargo, haz mención de ello a cualquiera en China y podrás ser deportado o ganarte una estancia gratis en una celda de alguna prisión local.

El año pasado, tuve la oportunidad de visitar el territorio disputado de Artsaj, conocido como la República de Nagorno Karabaj, mientras investigaba la historia de mi familia en Armenia, una nación con una larga historia de disputas fronterizas. Aunque Artsaj es culturalmente armenio, está justo en la frontera azerbaiyana. Los armenios y sus descendientes tienen prohibida la entrada en Azerbaiyán de manera permanente, y entrar en Artsaj desde Armenia se considera como entrar ilegalmente en Azerbaiyán. Hacerlo conlleva encarcelamiento o el estatus de persona non grata automáticamente. Para entrar a Artsaj, me exigieron obtener un visado en su embajada en la capital de Armenia, Ereván. Artsaj tiene su propia bandera, gobierno y pasaporte. Pese a ello, y debido a que las Naciones Unidas no la reconocen, queda fuera de casi todos los documentos oficiales. Yo, sin embargo, voy a incluirla (junto con Inglaterra, Gales, Irlanda del Norte y Escocia) en mi propia lista personal de países visitados.

A pesar de que nací poseyendo la ciudadanía de los Estados Unidos, a veces viajo con pasaporte armenio. Esto no solo me permite entrar sin visado a algunas zonas de la antigua Unión Soviética, a las que de otro modo tendría restringido el acceso, sino que también me permite una estancia indefinida como turista en algunos lugares. Fui lo suficientemente afortunado de adquirir mi ciudadanía armenia a principios de 2016, debido a mi ascendencia dos generaciones atrás. Mi Abuela Goekjian, junto con muchos otros armenios perseguidos, huyó siendo una niña del genocidio perpetrado por Turquía hace 100 años, para llegar a Los Ángeles. Armenia es uno de esos países que tienen un programa de "ciudadanía por descendencia" activo para personas que pueden demostrar ser descendientes de otro ciudadano de esa nación. Otros países con programas similares incluyen Bulgaria, Croacia, Irlanda, Israel, Italia, Lituania, Polonia, Ruanda, Serbia, Turquía y Ucrania, aunque las especificaciones de cada programa varían.

Por poner un ejemplo, Rusia se está volviendo un país severamente estricto a la hora de permitir la entrada a estadounidenses, incluso en calidad de turistas. Se deben rellenar indiscretos formularios, mucho antes incluso de planear cualquier viaje, para poder asegurarte el visado. Pude evitarme todo eso gracias a que Armenia y Rusia mantienen relaciones amistosas. De la misma manera, si alguna vez quiero ir a Uzbekistán, Mozambique, Irán o incluso Brasil, seré tratado con hospitalidad y entrada libre de visado, cosa que no ocurriría como estadounidense.

También está la cuestión de lo que significa haber visitado un lugar. Si uno se pone a contar las escalas en los aeropuertos, o el tránsito rápido a través de un país solo para llegar a otro (como en el caso de cruzar fugazmente Alemania para ir de Polonia a Bélgica), sería muy fácil añadir números a la lista. Es común para los viajeros en Europa atravesar varios países pequeños durante un simple viaje en tren de 20 horas. Pero ¿ni siquiera el hecho de haber bajado del tren en un lugar cuenta realmente como haber "estado" allí? Para mis propósitos, siento que necesito haber entrado legalmente al país y pasar al menos un día observando el estilo de vida de las personas que lo habitan. Pasé una noche en Bogotá (Colombia) en el trayecto desde Ecuador hasta los Estados Unidos cuando tenía 20 años. Hace unos meses, hice un viaje de ida y vuelta desde Zagreb (Croacia) hasta Liubliana (Eslovenia) para encontrarme con unos amigos. Estos dos casos cumplen con mis requisitos, aunque otros viajeros puedan usar sus propios criterios.

La famosa cita de Mark Twain, "viajar es fatal para el prejuicio, la intolerancia y la estrechez de mente," no es del todo cierta. Experimentar un lugar en primera persona puede eliminar o fortalecer estereotipos. El cómo ocurra depende de si tus expectativas preexistentes están en línea con lo que observas. Si eres demasiado rígido en tus creencias, solo experimentarás una nueva cultura a través del cristal del sesgo de la corroboración. Esto es lo que hace que una mente filtrada preste atención solo a lo que está predispuesta a ver, o a lo que puede integrar en su paradigma funcional. Sin embargo, deshacerse completamente de esas generalizaciones también podría ser un error, ya que pueden contener alguna información válida que te ahorraría tiempo, energía y sufrimiento innecesario.

Los prejuicios culturales negativos a veces se basan, al menos parcialmente, en la realidad. Encontrarás aspectos desagradables en cualquier población si te fijas lo suficiente. Puedes elegir ignorar estas observaciones y mantener una visión políticamente correcta. Puede que creas que así evitas la discriminación en una situación que no entiendas del todo, deseando mantener ciertas ilusiones reconfortantes sobre el lugar que aprecias. Puede que además pagues un precio cuando te enfrentes a la realidad de la situación.

Cuando viajas, formas parte de una narrativa cultural extranjera. Para vivir en su mundo, adaptas tus propias acciones para encajar en los límites de su percepción. Si te alejas mucho del paradigma de comportamiento aceptable, el sistema inmunitario social hará que te comportes de manera adecuada. Cada mente está preparada para percibir únicamente ciertas cosas. Si vas a prosperar por un periodo de tiempo, debes observar qué valores han influido en el comportamiento de los demás. A medida que eres consciente de sus expectativas, comienzas a ver sus propios prejuicios de forma más clara

Si tuvieras que aventurarte por Iraq en un plazo breve de tiempo, podrías sentir una tácita sensación de inquietud. Aunque nunca haya ninguna bomba cayendo a tu alrededor, podrás sentir el efecto que la posibilidad de que ocurra ha tenido en las personas que viven allí. Durante mis tres meses en Iraq en 2013, trabajé en un instituto educativo privado en Erbil, situada en la Región Autónoma Kurda del norte, lejos de la violenta capital, Bagdad. La ciudadela, que alberga restos de civilización que datan del año 5.000 A.C., es considerada el lugar del planeta habitado permanentemente más antiguo. Mientras iba desde el aeropuerto hacia la ciudad con la directora de la escuela, le recordé que esta sería mi primera vez en Oriente Medio. Sería importante que me dijera de antemano que comportamientos culturalmente inapropiados debía evitar. Aunque era kurda, había vivido muchos años en el Reino Unido, así que entendía bien lo diferente que podía ser Irak del resto del mundo. Me dijo que no había mucho de lo que preocuparme, y que estaría atenta a cualquier detalle a su debido tiempo...

Paramos en un restaurante y una joven de piel aceitunada que usaba un hiyab nos tomó nota. Cuando la directora se levantó un momento de la mesa, pregunté a nuestra camarera sobre la vida en Erbil. La directora, al verme conversando con la joven, me agarró del brazo boquiabierta. En un tono susurrante pero firme, me advirtió que nunca hablara con jóvenes mujeres iraquíes en público. Entonces me comentó que, si llegaban rumores a casa de la joven de que había estado coqueteando con un hombre blanco, muy probablemente sería golpeada por sus hermanos y su padre. En el peor de los casos, podría acabar en un crimen de honor, que es la manera culturalmente establecida allí de justificar el asesinato de miembros de la prole en aras de mantener el honor de la familia. Se estima que al menos 1.000 mujeres al año son asesinadas de este modo por sus propias familias por haber tenido sexo fuera del matrimonio, casarse fuera de su fe o ser víctimas de una violación.

En julio de 2016 los crímenes de honor tuvieron un gran impacto en la opinión pública cuando la modelo Qandeel Baloch, la "Kim Kardashian de Pakistán," fue estrangulada hasta morir por su propio hermano. ¿Su crimen? Llevar la vergüenza a la familia al publicar fotografías en las redes sociales que eran demasiado sexis. Los crímenes de honor aún son legales o conllevan castigos sin sentido en muchas partes islámicas del mundo. Y ahí estaba yo, preguntándome por qué la directora de la escuela no se había molestado en mencionármelo como un detalle cultural a tener en cuenta de antemano. Aprendí a andarme con cuidado en la sociedad iraquí tras ese incidente, aunque nunca llegué a descubrir si la chica del restaurante sufrió alguna consecuencia por mi ignorancia en cuanto a su forma de vivir.

Aunque en general no sufrí hostilidad alguna siendo un joven estadounidense en Iraq, hubo innumerables detalles que revelaban que algo no iba del todo bien. La escuela en la que enseñaba era privada y cara. Además, mantenía estándares académicos estrictos, por lo que los estudiantes graduados de primaria y secundaria resultaban, a nivel internacional, bastante impresionantes. El cuerpo estudiantil estaba compuesto parcialmente por niños kurdos, refugiados de Siria y de otras naciones vecinas castigadas por la guerra, e hijos de europeos casados allí. La policía, provista de armas totalmente automáticas, permanecía estacionada en las principales carreteras que conducían hasta los altos muros de la escuela. Cada mañana los autobuses escolares eran revisados a fondo en busca de explosivos antes de pasar los portones.

Durante el poco tiempo que estuve, vi como unos activistas hacían estallar una ambulancia como protesta en el transcurso de unas elecciones locales. Esa es la parte invisible de la cultura que es tan difícil de entender hasta que no la experimentas por ti mismo. No se ve en la ropa que visten, en el diseño de sus casas ni en las cosas que comen. Los iraquíes viven en un mundo donde destruir los servicios médicos públicos es una forma aceptada, e incluso previsible, de expresar su frustración. Golpear y asesinar a tu propia hija se considera una forma responsable de ser padre. Me es imposible decir qué otras atrocidades diarias me perdí desde la pequeña ventana que daba a su mundo.

Solo a través de las microinteracciones diarias con los habitantes, podrás empezar a ver los límites implícitos de su paradigma cultural. Comenzarías a darte cuenta de que tus límites, heredados de aquel lugar de donde vengas, son tan arbitrarios como los suyos. Tendrás que asomarte más allá de los mismos si realmente te dispones a empatizar, o si realmente quieres crecer. Nunca en los rincones más profundos de mi vieja mente californiana podría haber llegado a tales conclusiones sin importar las circunstancias. Sin embargo, resultaba que, al vivir bajo aquellas condiciones, en aquel lugar se desarrollaba una manera completamente diferente de actuar en el mundo. A pesar de la inviabilidad obvia de estos valores, la mayoría continúa aprendiendo y actuando con esas terribles e inhumanas maneras.

Embutida en la costa mediterránea entre Francia e Italia, se encuentra una micronación de menos de una milla cuadrada de territorio. Confinados dentro de ese pequeño espacio hay 36.000 residentes. Aproximadamente el 30% son millonarios que constituyen la más alta concentración en el planeta, con los ingresos per cápita más altos a nivel mundial. Todo el país es prácticamente un resort en sí mismo: lujosos hoteles, casinos, restaurantes y exclusivas tiendas de moda distribuidas por cada calle. Se trata de Mónaco.

Extremos que se tocan, ricos y pobres, desarrollados y subdesarrollados, agradables y hostiles, dan forma a la realidad de la experiencia del viajante. En muchas partes del mundo encontrarás a gente común durmiendo en chozas al lado de carreteras de tierra, o directamente en el propio fango. Estos hechos pueden ser un desafío para el no iniciado, pero la mente acaba por aceptar esta forma de vida como un referente. Quienes viven de esta forma siempre lo han asumido como algo normal.

Una rápida transición de la miseria extrema a un lugar como Mónaco, donde las suites en palacios a miles de euros por noche son la norma, resulta chocante para la mente. Nuestro entendimiento necesita tiempo para ajustar sus respuestas emocionales a nuevas condiciones. Habitantes empobrecidos de muchas naciones africanas han aprendido a aceptar el hambre y las carencias sanitarias como parte de su cultura. Del mismo modo, los millonarios que pasan sus días vestidos de punta en blanco, conduciendo yates y helicópteros, en vez de caminar descalzos sobre el caliente asfalto africano, aprendieron a aceptar la suya.

Es fácil juzgar cualquiera de estos extremos desde fuera, pero tu crítica no deja de ser vana. Es más importante para el viajante descubrir lo máximo que le sea posible. Aceptar que ambos extremos existen simultáneamente, a veces incluso como vecinos compartiendo una frontera, promueve la empatía genuina. Puedes permanecer distante cuando estás expuesto a cualquiera de los lados del espectro. Puedes también elegir conscientemente examinar lo que ha llevado a la existencia de cada lado a ser como es actualmente. Si realmente observas cómo cada grupo ha sido educado para pensar y las decisiones que deben tomar para saciar sus necesidades, verás que tú mismo podrías haber tomado las mismas decisiones que ellos. En el contexto en que les fue provisto, esas fueron las conclusiones a las que llegaron. Pocas personas de cualquier cultura alguna vez se toman la molestia de salir de sí mismos para evaluar su propio comportamiento. Eso es lo que el viajero adquiere mediante sus años de crecimiento personal.

Lo importante es la predisposición a cuestionar las arbitrarias condiciones iniciales de la vida. Vengas de la riqueza o la pobreza, sea cual sea el modo en que aprendiste a comportarte, es posible cambiar las instrucciones de funcionamiento. Viajar es la forma más rápida de satisfacer esa necesidad que algunas personas nunca conocerán. Viajar no solamente te dará la oportunidad de hacer preguntas incómodas: te forzará a llegar a respuestas significativas. Incluso en el ámbito legal, las cosas que das por sentadas al volver a casa, se mostrarán arbitrariamente absurdas e inhumanas. En Singapur, la posesión de goma de mascar conlleva una sanción de 1.000 dólares. Esta política no tiene nada que ver con los componentes de la goma como tal, sino con el hecho de que la gente va dejándola por toda la ciudad de manera desagradable y costosa para el gobierno. Singapur se enorgullece de su limpieza y presentación hasta unos niveles de paranoia social.

Mientras que los estadounidenses celebramos que el matrimonio homosexual finalmente se está volviendo más aceptado legal y culturalmente, la homosexualidad es aún ilegal en al menos 74 países alrededor del mundo, entre ellos el moderno Singapur. En 13 naciones, se castiga con la muerte por ejecución o lapidación pública. Incluso en muchos países donde no es técnicamente ilegal, está prohibido culturalmente. Este prejuicio contrasta fuertemente en un país como Tailandia, donde chicos jóvenes son animados a vestirse y a adoptar la identidad de chicas tailandesas. No se consideran ni homosexuales ni mujeres biológicas. Son lo que se conoce como "tercer sexo," una categoría totalmente distinta: los infames e hipersexualizados Ladyboys.

La gran paradoja de viajar es que todo puede parecer muy viejo y nuevo a la vez. Para alguien que viaja una o dos veces al año por placer, 45 países pueden parecer algo impresionante. Desde mi perspectiva, he estado vivo unos 28 años. Los primeros 18 los pasé casi por completo en el Sur de California, raramente aventurándome ni siquiera a otros estados cercanos. En la década siguiente, he visto aproximadamente una quinta parte del territorio mundial, del cual solo una fracción lo suficientemente bien como para sentir que realmente he vivido allí. Si miramos con los ojos de un verdadero ciudadano global, un verdadero "hombre del mundo" que percibe todo el planeta como su hogar, apenas he rascado la superficie de lo que realmente existe. Viajar es una de esas prácticas raras en las que uno puede ser a la vez tanto un completo experto, como un novato total. Hay mucho por descubrir, y una vida humana común no da para tanto.

He elegido este camino porque pensé que era lo que necesitaba para dar un estirón a mis fronteras en ciertos momentos de mi desarrollo. Después de sentirme a gusto en Latinoamérica, me fui a Asia a experimentar un nuevo grado de cultura desconocida. Después de Asia, fui a Europa occidental y al Medio Oriente. Aparte de Marruecos y Ghana, África sigue siendo la gran inexplorada para mí, pero eso es algo que espero corregir según me vaya aburriendo cada vez más con otras zonas a las que ya me he adaptado. Lo que viene después, aún lo desconozco. Lo sabré a su debido tiempo.

Nunca imaginé, cuando empecé todo esto años atrás, que iría a todos los lugares en los que he estado o que sobreviviría a todo ello. No podía saber que disfrutaría tanto de lugares que antes ni podía ubicar en un mapa. Era imposible visualizar lo enorme que realmente era el planeta. Eso es lo que aprendes cuando viajas en busca del autocrecimiento. Dices "sí" a las cosas porque son un desafío, no porque sean precisamente agradables. En retrospectiva, las experiencias negativas son en el fondo más valiosas que las positivas.

Si no viajas, los conceptos que tienes de los diferentes sitios te llegan desde medios interesados, de segundas opiniones de otros que han estado ahí antes, o de frías estadísticas que jamás podrán captar lo que la experiencia esencial de poder interactuar con el lugar es capaz. Cuando comparo la impresión general que tengo del mundo ahora, con la que tenía cuando era simple californiano, me pregunto cómo a tantas personas viviendo en naciones modernas les importa tan poco. Me pregunto cómo hay gente que pasa toda su vida sin cuestionarse qué es lo que ocurre a tan solo a un corto viaje en avión de distancia. Es una vida que nunca podría imaginar para mí: ignorar la persistente curiosidad de saber qué más hay allí afuera esperando a ser conocido.

Los límites reales en la vida son límites de cómo estructuramos nuestro propio pensamiento. Cuando alguien piensa que conoce la respuesta de algo, deja de buscar más información al respecto. La meta de una persona en evolución constante es dejar de limitar su conocimiento a lugares arbitrarios. El efecto Dunning-Kruger explica cómo personas con escasos conocimientos, suelen tener una mayor confianza en sí mismos. Solo cuando han cruzado un cierto umbral, se dan cuenta de lo poco que realmente saben. Es otra manera de decir que las personas son a menudo, demasiado estúpidas para darse cuenta de que lo son. Según el Tao Te Ching: "Quienes creen que saben, nunca aprenden."

Lo desconocido no es lo que asusta a las personas. No es el hecho de aceptar nuestro lugar en lo desconocido lo que interpretamos como un ataque a lo que somos. Las ideas que van en contra de nuestros principios nos hieren. No podemos hacer sitio en la mente fácilmente. No podría vivir la vida que vivo hoy, si no hubiese aprendido a desprenderme de quién fui una vez. Liberarme de todas mis cargas de aquel entonces, todo lo que me definía, dolió durante un tiempo. Pero ya no me volvería a doler. Existe un peligro si este proceso sucede muy deprisa, y es que no se sea capaz de afrontar ese fulminante dolor. El trauma resultante podría detener permanentemente el viaje. Un descenso controlado hacia nuestro punto más bajo es la única forma para la mayoría de las personas de romper con la rutina en la que están atrapados. Debes encontrar el camino más directo desde el exterior hacia el núcleo de tu propia identidad. Es un punto que alcanzarás cuando hayas encontrado el mecanismo para descifrar quién eres.

Aceptar lo desconocido es abrirse a todo aquello en lo que uno puede convertirse. Solo es cuestión de tiempo que tu mente empiece a encontrar las herramientas que puedes usar para obtener lo que necesites a continuación. Tus emociones se ajustarán a las nuevas exigencias de tu entorno, calmando tu frustración cuando algo no funciona de la forma que esperas. Todo lo que ahora consideras familiar en tu vida fue, en su momento, algo absolutamente extraño. Te adaptaste para encajar en el lugar que fue tu primer hogar. Harás lo mismo cuando expandas tu hogar para incluir todas las variaciones culturales de la Tierra.

Parte 4

# Pruebas y Desafíos

## ADAPTARSE FRENTE A LA ADVERSIDAD

A medida que te expongas a nuevas situaciones externas, vas a cambiar de inimaginables e incontables maneras. Vas a convertirte en algo más de lo que eras cuando comenzaste. Pasa con las cosas más simples, como dónde comer o dormir, o cómo ganar dinero o mantener relaciones, cuando el lugar ya no es un factor determinante. Pero eso no es todo.

Lo que es más importante, ocurre según percibes la información en sí. Tu historia sobre el mundo cambiará, y también lo hará la forma en la que la vives. Tu papel en él se transformará en algo nuevo, y habrá momentos en los que será toda una tentación disfrutar de situaciones en las que te encontrarás especialmente cómodo. Para el viajero novato, leer guías de viaje y aferrarse a partes "occidentalizadas" del mundo es la mejor manera de permanecer seguro dentro de su zona de confort. Para el explorador osado, afrontar lo inesperado en todo momento es lo que mantiene viva la emoción y el crecimiento de su identidad.

Viajar regularmente te lleva a tener que afrontar las situaciones inesperadas cuando estas se presentan, ya que no puedes estar preparado de antemano para ello. También perderás la oportunidad de explorar espontáneamente nuevos lugares si sientes que debes ir preparado. Organizarse un poco por adelantado es rara vez una mala idea, pero aprenderás con el tiempo a confiar en tus habilidades innatas para analizar una situación y actuar en consecuencia.

Cuando eras un niño pequeño, aprendiste en su momento qué acciones podrían causarte dolor y cuáles satisfacían tus deseos. Tuviste padres y un entorno bien estructurado a tu alrededor dedicado a tu seguridad, aunque no fueras consciente de ello en ese instante. Estabas sobreprotegido, aunque no te dieras cuenta. Ahora, por primera vez, debes actuar sin una red de seguridad y sin garantía de éxito. No hay nadie con autoridad para protegerte de lo que desconoces, y ni siquiera que sepa qué es lo que desconoces. Debes descubrir esas cosas con cada nuevo paso que das mientras caminas hacia territorios cada vez más oscuros. Con cada nuevo descubrimiento, te sentirás más capaz de alcanzar el siguiente. Solo necesitas aprender las reglas de cada sistema cultural a medida que avanzas.

Para prosperar en el mundo normal debemos entender el ecosistema que ha evolucionado a nuestro alrededor.

Debemos observar cómo otras criaturas han tenido éxito al adaptarse a los recursos y limitaciones de su entorno. El superviviente rápidamente aprende qué acciones le beneficiarán y cuáles le perjudicarán. Añade seres humanos a cualquier sistema y las variables de búsqueda del bienestar se volverán inmensamente más complejas. El dominio social está construido sobre la psique de cada participante individual interactuando con los demás. Sus valores colectivos se manifiestan en todo, desde su arquitectura, hasta las leyes que promueven. Es así como nace lo "normal." Cada sociedad es un sistema y cualquiera puede aprender cómo funciona, manipular sus variables y encontrar su sitio en él. Cada una de estas estructuras perpetúa un modelo de valores sobre sus niños que sienta las bases de la identidad colectiva como algo sagrado e incuestionable.

Olvidar las viejas ideas es intrínsecamente más difícil que tomar nuevas. En el periodo de transición entre el conocimiento viejo y el nuevo existe un terrible vacío de incertidumbre. En ese vacío, incluso las certezas inconscientes (aquel conocimiento que más fácilmente damos por sentado), se desvanece en la insoportable nada.

La gente aventurera siempre ha querido explorar el potencial de la vida según sus propios términos, pero los límites del conocimiento y la tecnología han hecho que viajar fuera una gran misión. Antes era difícil, inseguro y caro para los barcos atravesar los océanos, o para las caravanas cruzar los continentes. Tenían que saber exactamente a dónde ir y lo que les podría estar esperando cuando llegaran. Por primera vez en la historia, la residencia global es ahora una posibilidad viable para casi cualquiera dispuesto a pasar por el aro de la burocracia. Es más difícil para los ciudadanos de algunos países que de otros, pero es posible si se tiene la suficiente determinación. A pesar de estas ventajas actuales, la mayoría nunca se alejaría demasiado del lugar donde arbitrariamente ha nacido.

Lo que frena a las personas en los tiempos modernos no es la distancia ni la dificultad. Ahora los obstáculos son internos. La resistencia innata al cambio, algo que ha estado con nosotros desde los primeros días de exploración, evita que tomemos caminos que ahora son fáciles de recorrer. El espacio físico ya no es la barrera; es simplemente la psicología. Necesitamos sentir que una manera de ser es normal y aceptada antes incluso de considerarla para nuestra propia persona. Por suerte para los que desean viajar más tranquilamente, esto es exactamente lo que está empezando a suceder con el concepto de vida nómada.

Internet permite que cada uno de nosotros colabore con los demás en tiempo real a través de las fronteras globales. La comunidad viajera online está evolucionando rápidamente. Podemos conectar con personas que comparten nuestros ideales, sin importar de dónde sean ni adónde vayan. Ciertas partes del mundo han adquirido connotaciones específicas para la recientemente creada comunidad del viajero permanente. El sudeste de Asia, por ejemplo, tiene la mala fama de atraer a los que buscan un ambiente cálido, cerveza barata y lindas jóvenes orientales que aprecian el encanto —y el dinero— de los extranjeros. Existen los blogs nómadas, escritos por gente con un portátil mientras van de una costa tropical a otra, en los que se presume sobre el estilo de vida libre de sus autores. Están adornados con fantásticas fotografías de portátiles en playas, lo que, si alguna vez has llevado equipos electrónicos caros a la playa, sabes que es una idea terrible.

A pesar de que esas voces son las más ruidosas, un estilo de vida global no tiene por qué ser de esta forma. De hecho, no tiene que ser de ninguna forma en concreto. Por el contrario, estamos ante un nuevo discurso superficial por parte de gente tan infeliz con su antigua vida que daría cualquier cosa por una historia que resolviera su descontento actual. ¿Tu trabajo es un desastre? ¿El matrimonio se acabó? ¿Cansado de vivir en el sótano de tus padres? Existe un estilo de vida para resolverlo. Hay variaciones sin fin. Podrías elegir trasladarte cada pocos días. Crear mini hogares cada pocos meses. Incluso podrías ser un expatriado semipermanente en un país durante años.

El viajar conlleva retos obvios: cosas como las barreras del idioma o la seguridad en general en lugares desconocidos. Si tienes la suerte de ser un inglés nativo, te encantará saber que tu idioma se ha infiltrado en casi todas las partes del mundo desarrollado (y en una sorprendente parte del mundo no desarrollado). Incluso si los habitantes de un lugar no hablan inglés con regularidad, hay muchas posibilidades de que al menos lo hayan oído y entiendan palabras y frases básicas. De lo contrario, podrán ser capaces de indicarte a alguien que lo estudió en la universidad o lo utiliza para temas profesionales.

Mientras las economías se globalizan, más naciones alientan o exigen a los estudiantes aprender al menos un inglés básico en la escuela. Los adultos aprenden el idioma porque reconocen las nuevas oportunidades profesionales que conlleva saberlo. La televisión, la música y las películas americanas son populares alrededor del mundo y las traducciones a la lengua local no siempre están disponibles. Como antiguo profesor de inglés como segunda lengua, puedo decirte que las personas aprenden más inglés práctico viendo maratones de la serie americana "Friends" que leyendo libros.

También descubrirás que no es tan difícil aprender lo básico de lenguas relacionadas con el inglés. Mucho del conocimiento inconsciente que ya tenemos de los sonidos, vocabulario y gramática de nuestra lengua nativa también se aplica a los idiomas romances como el español, italiano, y francés. Mientras más aprendes sobre cualquiera de estos, más fácil se vuelven también los otros. Hasta ahora, el único segundo idioma que hablo con fluidez conversacional es el español, pero a menudo me sorprendo de lo fácilmente que puedo seguir una conversación entre brasileños hablando en su idioma portugués nativo. Los idiomas que no comparten una raíz, sin embargo, pueden desafiar algunas de tus más básicas suposiciones sobre cómo funciona la comunicación, como el orden de las palabras o los diferentes sonidos que la boca puede emitir.

Es común que naciones más pequeñas con su propio idioma oficial estén muy familiarizadas con cualquiera que sea el idioma internacional más cercano. Aunque países de la antigua Unión Soviética como Ucrania, Bielorrusia, Georgia, Armenia, Kazakstán y Kirguistán tengan cada uno su propio idioma local, la mayoría de la población también habla ruso. Este hecho me dio el incentivo suficiente para empezar a aprender ruso mientras viajaba por la zona, a pesar de no haber tenido previamente ningún interés especial. Saber español te llevará a casi cualquier parte en Centro o Sudamérica, así como por supuesto a España y los países limítrofes en Europa. El árabe cubre el medio oriente y el norte de África. El francés se habla en las antiguas colonias de África y Canadá. El mandarín es el idioma más usado en el mundo con más de mil millones de hablantes nativos, aunque la mayoría de ellos se encuentran en China.

Los políglotas son mejores para comprender la realidad más allá de las palabras. Esto nos obliga a replantearnos el hecho de que la forma en la que aprendimos a pensar sobre las cosas, no es la única forma en la que podemos pensar. Todo está sujeto a interpretación y siempre hay otras formas de analizar. Conocer el idioma nativo de un país te hará menos propenso a ser estafado: las personas no podrán engañarte fácilmente y no serás intimidado por los locales; podrás moverte mejor y visitar zonas remotas; aprenderás los coloquialismos y formalidades de su cultura y obtendrás una visión más profunda. Incluso si no puedes encontrar una forma de comunicarte verbalmente, el lenguaje corporal y el tono de la voz harán gran parte del trabajo por ti si aprendes a usarlos bien.

Viajar abre la puerta a cambios en algunas de las partes más fundamentales de la vida. Tu concepto de las relaciones con otras personas se expandirá, ya sea el de amistad, relación profesional, familiar, sentimental u otras. Todas las relaciones se cimientan sobre el sentido de una identidad compartida, por lo que es difícil que los no viajeros entiendan tu estilo de vida y prioridades. Eso puede debilitar vuestra relación, como me ocurrió a mí con mis viejos amigos, o bien consolidarla. Alejarte por un tiempo indefinido, hace que veas a las personas que te importan desde otra perspectiva. La distancia es una gran prueba de fuego para fortalecer los lazos afectivos. Las relaciones que se basan en una webcam no son divertidas para nadie, pero si aún te emociona ver la cara de tu pareja cada día a través de un video borroso, ese tal vez sea un buen indicador de que realmente quieres a esa persona.

Mi permanente lucha ha sido por encontrar las perlas ocultas en cualquier localidad en la que sentía que podía conectar profundamente. Casi todo el mundo es principalmente el producto de su cultura, por lo que un elemento externo como yo puede confundir o resultar completamente amenazante. Por otro lado, algunas mujeres encuentran emocionante la idea de salir con un viajero de otra parte del mundo. Los hombres blancos están fetichizados en algunas partes del mundo donde irónicamente las mujeres están fetichizadas por los hombres blancos. No me considero un hombre especialmente atractivo, pero en Filipinas descubrí que difícilmente podía caminar por la calle sin que las chicas jóvenes me sonrieran y se alejaran tímidamente de mí. Me comparaban con estrellas del cine americano con los que nadie en mi casa me habría comparado jamás.

Debido a que viajo mucho, las mujeres entablan una relación conmigo sin ningún tipo de obligación ni objetivos a largo plazo. Me tomó muchas relaciones fallidas darme cuenta que mientras que yo había tratado de ver más allá de la cultura y la raza, buscado construir lazos significativos, la mayoría de ellas solo me veían como una novedad pasajera para sazonar la monotonía de sus vidas. Teníamos una relación de unos pocos meses y de repente me olvidaban por completo, ignorando todo lo construido hasta ese momento. En otros casos fingían interés por tener una cita casual y divertidos coqueteos, pero arrojaban la toalla y salían corriendo cuando era necesaria alguna respuesta real. Algunas se acercaban mucho a mí hasta que me decían que no podíamos ir más allá porque necesitaban mantener su virginidad intacta por si algún día encontraban a un marido de la zona.

Lo más vergonzoso que he vivido fue con una mujer griega algo mayor que yo que conocí en un grupo online dedicado específicamente a personas nómadas en busca de amor. Llegamos al punto de hablar durante horas por Skype cada noche antes de ir a dormir compartiendo cada vez más detalles íntimos sobre nosotros y nuestras relaciones pasadas. Ella era terapeuta. Le gustaban los niños tanto como a mí. Cuando reservé un apartamento en Atenas por un mes y volé hasta allí para encontrarme con ella, su actitud hacia mí cambió de golpe. Tuve incluso que convencerla para que nos viéramos en persona, ya que había viajado expresamente para pasar tiempo con ella como habíamos acordado. Conseguí verla en persona durante un par de horas antes de que repentinamente estuviera demasiado ocupada para volver a verme e incluso para volver a hablar conmigo.

Jamás recibí una explicación del porqué de este cambio tan drástico desde el momento en que compartimos un mismo espacio físico. Solo puedo aventurarte mi interpretación: me veía como una novedad con la que disfrutar a distancia. En el momento en que nuestra relación se volvió algo muy real y se vio forzada a afrontar las consecuencias de mi existencia, se retiró. Esta constante me llevó a preguntarme si sería incluso posible tener una relación normal con mujeres de cualquier cultura. Seguí buscando, pero parecía imposible que existiera alguien por ahí que compartiera los valores que había adquirido en esta constante rotura de los límites.

El problema es que cada persona en la Tierra ve el concepto de una relación romántica a través de la perspectiva que recibió al crecer en su cultura. Sus ideas pueden ser totalmente distintas a las tuyas. Pueden estar tratando de construir un tipo de estructura desconocida para ti. A menos que vuestra comunicación sea excepcionalmente buena, estas diferencias invisibles en vuestras metas pueden pasar desapercibidas hasta que se alcanza un punto crítico y sois forzados a volver a tomar caminos separados. Así, un estilo de vida multicultural, como otros muchos, te obliga a madurar más allá de los límites arbitrarios del autoconocimiento que otros han aceptado.

Lo mismo puede decirse más o menos en torno a las amistades y relaciones de trabajo. He hecho posiblemente miles de conocidos viajando por todo el mundo. Aun así, pocos de ellos mostraron signos de convertirse en relaciones a largo plazo o de compartir conmigo alguna profunda compatibilidad más allá de la superficial necesidad de compañía. He trabajado para docenas de empresas alrededor del mundo y nunca ha dejado de desconcertarme la diversidad de estándares profesionales que he visto. Durante los pocos años que fui profesor de inglés, no hubo dos escuelas con las mismas expectativas acerca de cómo debía enseñar o sobre cuál era mi posición en su jerarquía. Sin embargo, cada una creía que su manera de trabajar era la forma en la que todas las demás lo hacían y que debía conocerla de forma automática.

Como autónomo, las cosas no me fueron mucho mejor. Una compañía de la India me contrató a distancia para hacerme cargo de su estrategia de marca y comunicaciones. Después de quedar suficientemente impresionados con mi trabajo, me invitaron a Delhi para fortalecer nuestra relación laboral. Reservaron mi vuelo, me ayudaron a adquirir un visado de negocios de cinco años y reservaron una habitación en un lujoso hotel esperando mi llegada. Entonces me pasé una semana entera observando cómo se esforzaban en lograr algún progreso significativo hasta que se dieron cuenta de que aún no estaban en situación de hacer un uso completo de mis servicios. Me compraron un billete de vuelta en avión al día siguiente habiendo invertido más de 2.000 dólares en mis gastos de viaje sin hacer uso de mis servicios para nada. Incomprensiblemente, no volví a saber de ellos después de aquello. Pero bueno, al menos saqué de todo aquello un viaje gratis a la India, mi país número 16.

Relativamente tarde en este periodo viajero, tomé la decisión de dejar de trabajar para otras personas por completo. Estaba cansado de realizar trabajos poco gratificantes dependiendo de la agenda de otros. Tuve que confiar en mi habilidad de convencer a extraños para que me dieran dinero cada día para poder mantenerme. El autoempleo empezó con pequeños trabajos de redacción que no me compensaban ni emocional ni financieramente. Al final de la primera semana, me di cuenta de que existían patrones evidentes de lo que la gente quería comprar y con qué tipo de personas querían trabajar. Aprendí cómo necesitaba hablarles para convencerlos de que yo, un completo extraño en la otra parte del mundo, era alguien a quien podían confiar su dinero. Con el tiempo, cambié mi enfoque para encajar en lo que el mundo me había mostrado que estaba buscando. Creé diferentes ofertas a precios más altos. Me adapté al entorno en el que me había colocado, ya que la capacidad de adaptación era la única cosa con la que estaba seguro de poder contar.

Desde entonces, he construido un modesto negocio online de éxito que puedo mantener desde cualquier parte del mundo, siempre que pueda conectarme de vez en cuando. Por el camino, he ayudado a muchos otros a hacer lo mismo. Las personas que trabajan online a menudo prefieren quedarse en un mismo lugar durante largos periodos de tiempo en vez de saltar rápidamente de un sitio a otro. Quieren ser capaces de caer en la rutina, optimizando la productividad, a la vez que disfrutan de la parte turística de viajar. Si eres listo, no es difícil cubrir tus gastos diarios con unos ingresos de entre 500 y 1.500 dólares al mes en casi cualquier lugar del mundo. Yo como en casa siempre que puedo; alquilo por semana o mes, en lugar de diariamente; negocio con propietarios de hoteles o de casas de huéspedes para quedarme y comer gratis si logro mejorar su presencia en internet o encontrar otras maneras de atraer más clientes.

Comprobar y enviar correos electrónicos se puede hacer incluso con la conexión más inestable. Algunas personas con apretadas agendas necesitan hacer llamadas de audio y video con frecuencia para mantener su flujo de trabajo. Tal vez necesitan subir y descargar grandes archivos regularmente. Una internet a baja velocidad o con caídas impredecibles no lo permiten: necesitan una mayor planificación y tener copias de seguridad disponibles por si su conexión principal falla. Incluso en los lugares menos desarrollados del mundo, los servicios principales como la electricidad o el agua pueden verse interrumpidos casi a diario y en cualquier momento, por lo que uno ni siquiera puede planificarse eficazmente. La naturaleza de mi esfera profesional me garantiza el lujo de poder escribir libros y generar contenidos para cursos educacionales desde un *Ultrabook* de 12" que llevo encima a casi cada lugar que voy, en viajes en autobús cruzando países o en las cafeterías de las grandes ciudades. Puedo trabajar desde la cama al despertarme y sin tener que levantarme si quiero. Esto puede sonarte a infierno, pero es el tipo de libertad que yo encuentro ideal para una máxima productividad.

Gran parte de mi primer libro fue escrito en aviones y en el asiento trasero de varios taxis; en cualquier lugar en el que tuviera un poco de tiempo para escribir unas cuantas palabras. Solamente necesito un procesador de textos básico para hacer la mayor parte de mi trabajo, pero los requisitos de los demás varían ampliamente dependiendo del tipo de trabajo que cada uno hace. Incluso viajo con un buen micrófono de estudio para cuando necesito realizar trabajo de locución, como la versión de audio de este libro en inglés. Hacer una videollamada es crucial para el trabajo de consultoría y coaching que hago, así que tengo que planificar estas cosas para el momento en el que mi conexión de internet vaya a ser fiable. Tengo que adaptarme a la agenda del otro, lo que puede ser difícil cuando te encuentras a varias zonas horarias de distancia.

Coordinar proyectos entre diferentes equipos y en diferentes lugares hace las cosas más complicadas. Por ello, tengo la política de contratar solo a personas que puedan administrar su propio tiempo y flujo de trabajo. Para mí, la fiabilidad es mucho más importante incluso que la habilidad cuando elijo con quién trabajar. Puedo crear minihogares durante el tiempo que permanezco en un lugar. Actualmente interactúo con personas de todo el mundo y tengo proyectos en marcha en varios continentes. Por Skype, teléfono y correo electrónico nos organizamos para hacerlo todo. Esto hace que me pregunte por qué las personas se siguen tomando la molestia de hacer las cosas en persona no siendo ya un factor fundamental para hacer cosas juntos.

No siempre es fácil sentirse como en casa en un nuevo lugar, pero es vital desarrollar una comodidad inconsciente rápidamente. En algunas situaciones, simplemente no puedes permitirte el lujo de parecer un extraño que no tiene idea de lo que está haciendo. La gente mal intencionada es hábil en detectar a aquellas personas que se sienten fuera de lugar en su ambiente, y usarlos en su propio beneficio. Ciertas cosas sobre tu aspecto no puedes cambiarlas, pero sí que puedes aprender a comportarte como alguien que sabe muy bien lo que está haciendo.

Para bien o para mal, serás tratado como un extraño en algunos lugares. Se te puede dar el estatus de celebridad al instante. La gente querrá conocerte o ayudarte a que te integres en su país porque tu presencia les será muy atractiva. Podrías perfectamente ser la primera persona de una raza particular que los locales hayan visto con anterioridad. Es muy probable que esto se te suba a la cabeza y se cree una cierta distancia entre tú y tu entorno. Podrías creer inconscientemente que realmente eres mejor que ellos y esperar siempre un trato especial.

A veces no serás visto en absoluto como una persona, sino como una oportunidad de ganar dinero fácil. Serás el blanco de estafadores y mendigos desde el momento que detecten que estas fuera de lugar, o te verás inundado por propuestas y ofertas de todo tipo de comerciantes y vendedores ambulantes. Saben que no eres consciente de lo que cuestan las cosas, así que intentan convencerte para que pagues grandes sumas por los artículos más corrientes. Honestamente, algunas de las personas a las que menos aprecio en el mundo son los taxistas que se reúnen fuera de las estaciones de autobús y de las terminales de llegada de los aeropuertos ofreciéndose agresivamente a los viajeros desorientados. La experiencia es bastante deshumanizante y, en mi opinión, muestra la peor parte del ser humano. Es exactamente lo opuesto a la hospitalidad, y agrava la sensación de no ser bienvenido.

Como hombre de negocios, admiro el espíritu emprendedor de sus acciones. Hay valentía en el acercamiento en frío del que muchos emprendedores de mi ciudad deberían tomar nota. No obstante, mi admiración termina ahí. El más mínimo interés les confirma que estas abierto a la coacción. Lo más inteligente que puedes hacer es mantener la cabeza agachada y evitar confirmación directa de su presencia. Pueden ir pisandote los talones, haciéndote preguntas hasta que algo accione una respuesta positiva. Es extremadamente irritante para alguien recién aterrizado en un país desconocido, con poco conocimiento del idioma, cultura o geografía local, ser socialmente acosado de este modo. Muchos turistas son presionados para aceptar lo que parece ser ayuda gratuita de esos individuos parasitarios, seguido de exigencias de dinero al borde de la amenaza.

No todos los que ofrecen ayuda lo hacen con un fin oculto. Las personas en cualquier lugar pueden ser totalmente amables y generosas por naturaleza, y me siento bien dando un poco de propina a alguien que me ahorra varios minutos señalándome la dirección correcta. Sin embargo, la existencia de esta clase de personas malintencionadas hace difícil apreciar la diferencia entre el amigable y el abusivo a primera vista. También hacen increíblemente difícil sentirse realmente como en casa en un lugar nuevo. Por eso mis partes favoritas del mundo son aquellas donde esto no ha supuesto nunca un problema. Algunas pocas sociedades que he encontrado poseen visión de futuro y dan la bienvenida a los beneficios que el dinero y la influencia externa trae a su sistema. Tener que ser altamente cuidadoso al relacionarme con los locales me desalienta a la hora de forjar estas conexiones beneficiosas, o incluso de buscar mercados y vendedores locales con tranquilidad. Cuando unas pocas manzanas podridas tratan de explotar el sistema a su favor, malogran las oportunidades existentes para todos.

Con el tiempo te vuelves menos propenso a esta y otras formas de victimización porque la forma en la que apareces cambia. La comunicación sutil evoluciona a medida que nos adaptamos a un lugar y es por esto que el spam humano alrededor de los expatriados muere y desaparece cuando de verdad se vive por largo tiempo en un lugar. Incluso si los estafadores no perciben lo que es, algo les dice que no encontrarán un objetivo viable para sus maquinaciones. Los depredadores siempre buscan la presa más fácil posible.

Lo que he aprendido de las pruebas a las que me he expuesto, es la confianza y habilidad para adaptarme a casi cualquier contexto social. Las he adquirido porque he visto suficiente acerca de lo que los seres humanos son capaces. He visto la oscuridad y la luz. No he evitado ninguna de ellas. Como en esos primeros días de aventura solitaria en la salvaje Costa Rica, ahora confío en mí mismo a la hora de observar y aprender en cualquier ambiente cultural. Aprendí rápidamente de mis pequeños errores por lo que nunca se convirtieron en grandes heridas. Aplico la misma mentalidad cada vez que cruzo a un país desconocido y potencialmente inestable.

Es bastante fácil dejar que estos avances personales se te suban a la cabeza. Empiezas a sentirte superior a las personas normales, incluso invencible a tu manera. Este orgullo acumulado no es necesariamente falso, pero es peligroso: significa que estás prestando atención solamente a la mitad del espectro de la experiencia posible. Opuestas a la luz y calidez de tus logros están la oscuridad y tus derrotas. Si aún no conoces esta oscuridad, una de dos: o eres bastante afortunado o has jugado el juego de manera muy segura hasta ahora. Tu derrota desgarradora se encuentra todavía por ahí, esperando a que des con ella. Sin embargo, la noche más negra te mostrará un nuevo nivel en tu victoria personal.

Parte 5

# Acercarse a lo Insuperable

## LLEGA LA NOCHE OSCURA DEL ALMA

La experiencia más terrorífica del mundo es no conocer lo que eres, hacia dónde vas o qué es lo que se supone que debes hacer. Viajar sin inhibiciones significa abrazar conscientemente ese miedo. Es aceptar que no siempre sabrás qué hacer, porque ni siquiera conoces los límites de lo que es posible. Hasta que no pases el tiempo suficiente explorando estos límites, no podrás ganar confianza en la validez de tus elecciones vitales.

Muchas personas se sienten incómodas viajando solas, pero esta es la mejor manera de ver las cosas desde una nueva claridad, sin verse entorpecida ni constreñida por las percepciones de otros a tu alrededor. Verás el mundo sin ningún filtro, haciendo de la influencia algo todavía más importante. Pero esa influencia también puede ser destructiva. Siempre habrá algo que tu mente no esté lista para aceptar como real. Es algo que yace fuera de los límites de tu concepción, algo tan feo para tus estándares de evaluación que es incompatible con tu existencia.

Querrás huir, porque dejar que te alcance es experimentar la muerte. Si no corres, te romperá. Avanzar de buena gana hacia ello es alcanzar el punto más bajo posible en tu vida: la noche oscura del alma. Es tu propio infierno personal, aquello que tienes que pasar toda la vida evitando. Puede ponerte nervioso pensar en ello justo en este preciso momento. Ahora podrías estar resistiéndote para mantener tu conciencia libre de su intrusión. Tarde o temprano, debemos aceptar el hecho de que existen partes de nosotros que continúan escondidas en la oscuridad y en la sombra. En cualquier momento que sintamos que hemos sido agraviados o heridos, expulsamos estos sentimientos fuera de nuestra conciencia funcional. De la misma forma, enterramos los aspectos negativos de nuestra personalidad, relegándolos hacia donde permanecen invisibles para todos menos para nosotros.

Todos estamos cargados de recuerdos de acciones pasadas que nuestro ser presente desaprueba. Aquí es donde se genera la culpa, en el conocimiento y el enjuiciamiento del ser. Estos elementos nunca se borran. Están al acecho profundamente instaurados en nuestra psique. Aparecen cuando la mente consciente desvía la atención que dedica a la homeostasis. El mundo ordinario se empieza a romper. A veces, solía despertar por la mañana, ahogado en pensamientos negativos sobre eventos pasados, exnovias y personas por las que me sentí agraviado de alguna de las millones de formas posibles en esta vida. Una vez me obsesioné conmigo mismo y con el trato injusto que recibía por parte de otras personas. Me esforzaba en ser honesto e imparcial con la gente en mi vida, y aun así raramente notaba la misma intención dirigida hacia mí de manera recíproca.

Después de todos mis viajes, el mundo todavía no tenía un sentido para mí. Era un sistema profundamente roto en modos y maneras incontables. Para mí, viajar era una cuestión tanto de aprender sobre el funcionamiento del mundo que el hombre había construido para sí mismo como de estudiar de cuánto era capaz como individuo. Ahora me doy cuenta de que los dos lados están íntimamente conectados, comprometidos en una danza inquebrantable el uno con el otro. Construimos el mundo, y el mundo nos construye.

Nadie responde al dolor exponiéndose más a él. Nadie está dispuesto a adentrarse más en el fuego. Solo un explorador profundo podría comprobar el poderoso beneficio que el dolor trae cuando es manejado correctamente. El fuego quema diferente según a quien, y cada uno de nosotros debe envolverse en él para descubrir lo que reside en nuestros lugares sombríos. Debemos construir nuestro propio infierno antes de que se convierta en algo demasiado difícil de soportar. Las personas que nunca aceptan su propio dolor no toman las acciones requeridas para solucionarlo, incluso si dichas acciones son simples. Esta es la prisión final. Solo después de haber atravesado el infierno desde el otro lado se es libre para vivir siendo uno mismo en el mundo tal y como es.

El punto de ruptura llama a la puerta de cada persona a su propio tiempo y a su propia manera. A veces es a fuego lento, después de una vida insatisfactoria alimentada por la comodidad durante décadas. El sufrimiento mantiene las apariencias durante tanto tiempo como puede una persona. Internamente se va desmoronando hasta que la realidad rápidamente se resuelve a sí misma en forma de una crisis del modo de vida o un dilema existencial. Eres más susceptible al cambio errático cuando estás en lo más profundo de la desesperación.

Muchos no viajeros perciben el hecho de viajar como un vehículo para la resolución de una crisis determinada; no esperan que los adentre aún más en la crisis. Se marcan un "*Come, Reza, Ama*" y se embarcan en una búsqueda espiritual mediante un viaje al extranjero. ("Come, Reza, Ama" es una película de 2010 protagonizada por Julia Roberts y Javier Bardem, basada en el libro "Eat, Pray, Love" de Elizabeth Gilbert, publicado en 2006. Alerta de spoiler: he vivido en Ubud, en la isla de Bali, unos cuantos meses en un par de ocasiones. Es un lugar bastante agradable, pero difícilmente digno del peregrinaje espiritual descrito por Liz Gilbert.) Al rechazar la confrontación al dolor y al problema que lo genera, tan solo se perpetúa el sufrimiento rodeándose simplemente de escenarios más atractivos. La rueda continúa girando y el ciclo vuelve a empezar. Un reinicio de la vida significa ser lo suficientemente consciente para querer algo fundamentalmente distinto a lo que tienes. Donde las personas fallan es en carecer de resistencia para buscar la causa raíz de su sufrimiento. Dejan de buscar cuando las cosas se tornan difíciles, dejándolos abiertos a respuestas sencillas que se puedan presentar de cualquier forma.

No todos los que inician el viaje buscan la verdad, sino aligerar las molestias de la búsqueda de conocimiento. Esta es la gran desilusión ante la que todos los buscadores deben resguardarse. La tentación por renunciar tempranamente es mayor cuanto más es el progreso alcanzado. En esos momentos, debes elegir conscientemente entre continuar o arriesgarte a volver al estado en el que empezaste. Este proceso solo llega mediante la vulnerabilidad total. Cuando estás en esa situación, creces porque tienes que hacerlo. Sencillamente, descubres lo lejos que puedes llegar cuando te motivas. Si no respondes a esas fuerzas externas que te debilitan, tarde o temprano te van a vencer. Tu carácter se fortalece, y desarrollas una coraza para las experiencias que normalmente te destruirían. Aprendes a disfrutar en medio de la inestabilidad, porque es ahí donde ocurre todo el progreso.

La estabilidad significa que nada cambia nunca, lo que únicamente es bueno si ya te encuentras viviendo la vida de tus sueños. Tanto en química como en el desarrollo personal, la inestabilidad es lo que genera la posibilidad de nuevos acontecimientos. La estabilidad es solo la meta racional de una persona que sabe quién es y qué lo hace feliz de forma sostenible. La gente teme a lo desconocido, porque no se puede preparar para aquello que podría salir mal. En un ambiente conocido, es fácil manejar los factores que componen tu vida para alcanzar tus metas, incluso si tienes que improvisar por el camino. Cuando las cosas que das por sentadas desaparecen, pierdes la fe en todo lo que juega a tu favor.

Tampoco puedes asumir de manera realista que todo saldrá mal a la vez. La vida acontece en un predecible marco de buenos y malos sucesos que deben ser ajustados en tiempo real. Tienes que confiar en que tu mente sea capaz de tomar la información que necesita a medida que experimenta cosas nuevas. Usa esta información para crear nuevas instrucciones para vivir como sea necesario. Los escenarios de "qué pasaría si...," pueden ser una forma de veneno mental. Rara vez se da un único evento con el poder de arruinar la vida de alguien por completo, a menos que decidamos alejar toda medida de precaución de nuestra vida. Si las variables anticipadas cambian (quizá tu viaje se prolongue, pierdas un vuelo o un bolso se extravíe), nos ajustamos a ellas al momento para permanecer en el camino de la comodidad.

Viajar por crecimiento personal requiere que abandonemos esos viejos estándares de previsibilidad. No puedes preverlo todo. No hay forma de que prepares tu maleta adecuadamente para este tipo de viaje, ni ningún botones que resuelva todos los errores por ti. Debes decidir tú mismo convertirte en el tipo de persona que resuelve las directrices de tu propia vida en cada momento. Una persona exitosa se conoce a sí misma con un nivel de profundidad mucho mayor que las demás personas normales. Los límites de lo que nos es familiar se expanden lo máximo posible. Si puedes recuperarte del daño, puedes obtener un beneficio de la exposición al dolor. La curiosidad nos conduce con un entusiasmo incierto hacia adelante. Este es el verdadero comienzo del camino autodirigido.

En mis primeros viajes, me convertí en profesor porque algo en mí sentía profunda curiosidad sobre la forma en la que el mundo pasaba los viejos valores a las nuevas generaciones. Trabajar en el área educativa, me dio una visión única a partes de la cultura normalmente ocultas a extranjeros y turistas casuales. También me hizo sentir un profundo resentimiento por quienes mantienen su cultura a costa de corromper mentes jóvenes. Ver a niños convertirse en recipientes de valores culturales arbitrarios a escala masiva fue un fuego que me consumió. Trabajar con personas de todas las edades me mostró que, lo que la mayoría de los países llama educación, no es sino una forma de narcisismo cultural. Cualquier cosa que sea importante para las clases dominantes también debe ser importante para la formación de los ciudadanos. La vieja cosecha de humanos cree en algo y, por ello, la nueva cosecha también lo debe hacer. Presenciar esta transferencia generacional de valores fue contemplar el verdadero enemigo del progreso.

Arder en el infierno es ver el desmantelamiento completo de nuestros valores fundamentales dentro y alrededor de nosotros. Debido a que los nuevos ambientes permitieron que me explorara a mí mismo, soy consciente de cuánto me preocupo por nutrir y proteger el potencial. Desarrollé una profunda afinidad con los niños y los animales, porque ellos no están afectados por la corrupta influencia de la cultura. Pero todo, tiene sombras. Al elegir preocuparme por las cosas, dejé abierta la puerta a la posibilidad de perder aquello que realmente me importaba. Mis experiencias de vida más reafirmantes fueron seguidas por las experiencias más destructivas, experiencias que me empujaron hacia un punto de ruptura psicológica que desconocía.

Ahora sé que sobrevivir a un dolor emocional, único en mi experiencia de lo que me rodeaba, fue necesario. De ello aprendí que cualquier cosa que tenga poder sobre nosotros lo tiene por razones importantes. La esclavitud, de hecho, puede enseñarnos más sobre nosotros mismos que la libertad. Principalmente, viajar me ha mostrado la magnitud entera de lo que los humanos son capaces. Aprendí que lo peor de la humanidad no es nuestra habilidad de cometer actos momentáneos de violencia u opresión personal, sino la forma en que criamos a los niños para que vivan como receptáculos de nuestras propias ideologías y tradiciones arcaicas. La dignidad de la humanidad reside en nuestra habilidad para pensar por nosotros mismos. La aceptación inconsciente de que la cultura debe ser transmitida activamente a las nuevas generaciones suprime esta dignidad.

En el momento de reservar mi primer viaje a Asia para trabajar como profesor de inglés en China, creía haber visto muchos extremos en el mundo. China borró de un plumazo esa sensación. Ahí descubrí que existía un lugar donde cada día los seres humanos vivían apiñados en la calle, y donde gobernaba la homogeneidad. Había mucho por ver, pero muy poca variedad. Fue para mí enormemente irreal y distópico convertirme en una parte funcional de aquella máquina dirigida a eliminar toda individualidad.

A través de la interacción diaria, aprendí que los chinos no apreciaban cuestionarse por qué las cosas en su vida eran de la forma que eran. No tenían razones para concebir alternativa alguna. La conciencia cultural de la vida fuera del Imperio era prácticamente nula. El gobierno chino era muy experto en controlar el flujo de información dentro y fuera de sus paredes. El resultado era que las personas corrientes solo pensaban en aquello que sabían que sus dirigentes políticos toleraban.

El control de la información ejercido por el gobierno chino es el más impresionante del mundo. Solo 34 películas extranjeras son permitidas dentro del país cada año, un número que incluso era menor hasta hace poco. Cualquier medio de comunicación que retrate a China desde una perspectiva negativa es prohibido instantáneamente. Esto ha conducido a que ciertos grandes éxitos taquilleros sean creados específicamente para complacer a China, y de este modo poder llegar a esa lista de estrenos admitidos y obtener grandes ganancias en el lucrativo mercado chino.

Internet, el mayor facilitador de información, comunicación, y colaboración de la historia humana, también está censurado en china. Cientos de sitios web, incluyendo a gigantes como Facebook, Google y YouTube, permanecen detrás de la "gran muralla cortafuegos china." Algunos esforzados disidentes pueden acceder a las redes sociales y a motores de búsqueda no permitidos, mediante la conexión a una red privada virtual (VPN) que enmascara la dirección IP de sus ordenadores como si se hallaran en otro país, pero hacerlo es absolutamente ilegal.

La explicación oficial para estas políticas orwellianas chinas, sobre el flujo de la información, es que se aplican para proteger la economía china de la competencia extranjera, o porque los ciudadanos chinos corren el riesgo de tropezar accidentalmente con pornografía y otros contenidos peligrosos, sin restricciones de acceso. Esta es la creencia con la que han crecido todos aquellos que conocí en China. Muy pocos siquiera la cuestionan. Como alguien que valora aprender y explorar profundamente, era perturbador vivir rodeado por personas tan inconscientemente "prisioneras."

Aunque China es aparentemente una nación no religiosa, culturalmente, su gobierno se ha convertido en el primer objeto de adoración. Durante la "revolución cultural" del presidente Mao Zedong en los años sesenta y setenta del siglo pasado, millones de copias de su infausto

"Libro Rojo" fueron impresas y distribuidas con el objetivo de que el 99% de la población china lo tuviera, lo leyera y lo llevara consigo en todo momento. Aunque el reinado de Mao ha terminado, pude comprobar que aún mantienen un elevado nivel de veneración hacia sus líderes. Eso fue otro duro golpe a mis ideales de independencia y autodominio.

En los años noventa, un movimiento espiritual basado en el Chi Kung y la meditación se esparció rápidamente entre los chinos. El gobierno de inmediato implementó un plan para erradicar el Falun Gong porque percibieron su éxito como una amenaza a su propia autoridad. Surgió propaganda etiquetando a los practicantes de locos y traidores a la nación. Debido a que el gobierno chino no mantenía registros de su propio comportamiento genocida, tan solo se puede estimar la cantidad de seguidores de aquella práctica que fueron arrestados y ejecutados. Incluso existe evidencia de que conservaban los órganos de sus víctimas para trasplantarlos a ciudadanos mejor valorados por el imperio chino.

En 2001 la campaña contra el Falun Gong llegó a su punto máximo de ebullición cuando cinco personas se suicidaron prendiéndose fuego a ojos de todo el mundo en la Plaza Tiananmén. El gobierno fue rápido en reconducir la historia y afirmar que los manifestantes eran personas peligrosas llevadas a la locura mediante las prácticas del Falun Gong. No se permitió ninguna investigación independiente sobre el incidente, a pesar del hecho de que el movimiento se manifiesta en contra de la violencia de cualquier tipo. Obviamente, no puedo confirmar esas historias y lo que las mismas implican sobre la clase dominante en China, pero lo que observé personalmente en mi tiempo ahí no me ayuda a crear una imagen más favorable.

Mientras tanto, en la ciudad costera de Dalian (una de las partes más ricas del país), el descarrilamiento de un tren debido al deficiente mantenimiento de la vía mató a docenas de pasajeros. Yo ejercía entonces de tutor para una familia que tenía conexiones en el gobierno local, y supe por la madre que los registros de los fallecidos y sus equipajes habían sido eliminados antes de que el accidente pudiera ser reportado por los medios locales. En lo que al resto de China respectaba, nadie había muerto en el accidente. Todo lo que evidenciara una negligencia del gobierno, había sido eliminado a ojos de la sociedad antes de darse a conocer.

Trabajando en escuelas gubernamentales y de forma privada en el hogar de estas familias pudientes, recibí una informativa e incómoda visión de lo que era la vida real en China. La cultura china exige que todos los niños permanezcan incuestionablemente sumisos a sus padres hasta alcanzar la mayoría de edad. Los adultos entonces pasan el resto de sus vidas cuidando de sus padres hasta que mueren, y el ciclo continúa con sus propios hijos. La ironía de este enfoque familiar sumamente autoritario es que los niños pasan hasta 16 horas al día fuera de casa en la escuela siendo criados más por sus instituciones cortas de personal y currículos dogmáticos que por sus propios padres. Este es el génesis de su pensamiento e identificación grupal.

Seis meses viviendo en estas condiciones cómodamente incómodas cambiaron algo profundo dentro de mí. Empecé a derrumbarme desde el interior. Me volví inconscientemente suicida. Es como un estado terrorífico caracterizado no por un deseo activo de terminar con mi propia vida o experimentar dolor. Era como si el instinto de supervivencia desapareciera de mi cuerpo en el momento más inesperado. Ya no existía una diferencia para mí entre la vida y la muerte, excepto que la vida requería de más esfuerzo.

Siempre he sido el tipo de persona que se rebela ante los desafíos. Me dirigí hacia la incomodidad porque siempre es una oportunidad para mejorar. Confío en que soy lo suficientemente capaz de convertir lo que sea que no me mate en una oportunidad de autosuperación, pero China me mostró una forma completamente extraña de sufrimiento. No había nada con lo que luchar en su contra, ninguna resistencia que poner. Se vació el impulso en mí y no tenía recursos con los que trabajar. No había a donde ir ni estímulo externo en el cual focalizar mi descontento. Así que me rompí.

Este quebrarme fue posible únicamente gracias a las circunstancias internas que había creado durante mis años anteriores en Latinoamérica. Sin saberlo, me había preparado para la forma más profunda de devastación que una persona puede sufrir. Debido a que había descubierto mis propios valores auténticos, abrí la puerta a la destrucción de esos valores. Había empezado a sentirme confiado en lo que era. Sabía qué era y qué me importaba, y en lo que estaba dispuesto a alcanzar. Sin ser consciente, había creado el escenario para mi mayor caída en forma de una desesperación tan grande que me hubiese sido imposible sentirla bajo el disfraz de mi vida previa.

China me mostró que todo tiene su contra. Mientras más fuerte es la proclama, más lo es su opuesta. Una persona de principios que persiguen grandes acciones no puede ser neutral. Poniendo tu pie en tierra, te dispones para el ataque. Al aprender lo mucho que me importaba la armonía social y la expresión humana, descubrí también que la supresión de estos elementos posee el poder de derrumbarme. No podía tener una cosa sin la otra. Tampoco podría volver a un estado ni de conocimiento ni de preocupación. Por primera vez en mi vida, sabía que literalmente no quería vivir en un mundo donde podían existir las cosas que había presenciado y la forma en la que lo hacían.

Las pruebas en mi camino me permitieron descubrir lo que yace en el fondo de mi identidad. Mi ser fundamental no era más que una fuerza para nutrir el potencial del mundo en sus muchas y vulnerables formas. Despojé de mí los elementos no esenciales de mi experiencia para encontrar solamente algo elemental que quería proteger la inocencia y desmantelar la inhumanidad. No me sentí de nuevo como una persona, no. Como cualquier otro, aún tengo recuerdos, preferencias, defectos y fijaciones que típicamente definen a una persona. Pero debajo de esa capa superficial había un principio mucho más importante para mi percepción del ser y el operar en el mundo. Era un compromiso inquebrantable hacia una marca particular de ideales. Nunca estaría satisfecho con una vida moldeada por las expectativas de otros; eso me habría dejado colgado en la soledad y el aislamiento de los de mi propia especie. Pero ese era mi camino.

Ya no consistía en superar el pasado. Se trataba de prepararse para los desafíos existenciales del futuro. Inadvertidamente, ya había definido mis batallas aferrándome a unos valores determinados. Los mismos que finalmente definieron todo sobre mi vida y acciones. Yo, como persona, trabajé para convertirme en la forma humana de estos valores, una forma para la que el resto del mundo ya tenía un nombre y una historia: Gregory Diehl.

Me tomó meses, lejos de China, recuperarme del trauma que esta grabó en mí, pero eventualmente me volví a alinear con mis metas. Esa nueva perspectiva sobre la oscuridad potencial del comportamiento humano es ahora inestimable para mi evaluación del ser y del entorno. Sé con gran certeza lo que significa vivir sin las cosas por las que tengo cariño, y aferrarme a mis principios en un mundo que aparece apático u opuesto a ellos.

Ese dolor es mi compañía constante y un recordatorio de por qué me esfuerzo. Me enfoca y protege de un sinfín de distracciones superficiales. No sé si para una persona es posible entender quién es y lo que busca sin sobrevivir a una destrucción total del ser como esta. Solo sé que fue necesario para mí, como la persona que fui, caminar al borde de mi abismo personal y permanecer ahí el suficiente tiempo como para encontrar la paz. Esto es lo que significa conocer lo que haría falta para destruirte. Todo arroja una sombra, y todo el mundo tarde o temprano debe conocer la suya.

La gente le teme a esta responsabilidad sin límites porque está muy acostumbrada a confiar en el pasado para moldear sus acciones en el futuro. Nunca ha tenido la oportunidad o la obligación de observar sus propias vidas en el contexto de lo opuesto. No saben lo que significa preguntarse qué es lo que realmente quieren, que es otra forma de decir qué condiciones les producirían una mayor felicidad o desgracia. No conocen sus límites fundamentales porque nunca se han acercado a ellos. El conocimiento íntimo de los límites de mi existencia es el regalo eterno que las maldades organizadas de China me dieron.

Cada noche oscura del alma es una oportunidad única para un nivel más profundo de autorreflexión. Pero solamente si la oscuridad es aceptada. A veces las cosas necesitan empeorar antes de que puedan empezar a mejorar. Lo que evita que alcances tus abismos es tu propio miedo a lo que aprenderías sobre ti. Una persona que existe como una colección de recuerdos y expectativas sociales nunca puede saber lo que significa encontrar las fuerzas oscuras que trabajan en su contra. Solo alguien con valor, tiene el privilegio de este terrible lujo.

PARTE 6

# Victoria y Renovación

## DESCUBRIR NUEVAS FORMAS DE EXISTENCIA

La forma en la que aprendiste a vivir como la persona que eres no es la única forma en que las cosas podrían haber ocurrido. Criado bajo diferentes filosofas, con un nombre distinto y nuevos valores, podrías haberte convertido en una expresión diferente del potencial que contienes. Cuando has alcanzado los límites de lo que tus condiciones iniciales te pueden ofrecer, te debes a ti mismo el liberarte de las barreras mientras te mueves hacia el mundo de las posibilidades internas. Este proceso comienza con un sentido de pérdida, pero no termina ahí. Con la destrucción vienen las semillas de la creación, pero solo si tienes la determinación para ver el ciclo desde el otro lado. Cuando has aceptado la pérdida de todo lo que una vez fuiste, aprendes a ver cada situación desde diferentes ángulos. Entiendes que hay otras infinitas formas de resolver los mismos problemas, y otra infinidad de problemas por los cuales preocuparte.

Hacer las paces con lo que pensabas que podría destruirte te hace psicológicamente inmune porque te estás liberando del pasado muerto de la tradición. El espacio que esto ocupaba ahora está vacío. Con qué lo llenes determinará el curso de tu vida desde ese día en adelante. Entonces podrás reconstruir tu vida con una nueva imagen liberado de las cadenas del pasado. Puedes manipular las variables de tu propia vida para ser específica y personalmente atractivo. Para hacerlo, debes conocer quién eres y como reaccionarías bajo condiciones distintas. Debes redescubrirte.

De niños, teníamos ideas ilimitadas sobre lo que íbamos a hacer con nuestras vidas, pero a los 25 años la mayoría de nosotros se ha resignado a la repetición y a la rutina. Esta perpetuación de lo cotidiano crece con mayor facilidad cada día que pasa. Nuestros gustos, confinados en el tiempo, se hacen cada vez más estrechos. Hemos olvidado el descubrimiento como un estado activo.

El descubrimiento cumbre es intimidante para los humanos normales porque se definen por sus límites. Han olvidado cómo mirar más allá de aquello que conocen. Hubo un tiempo en el cual no paraste de pensar sobre lo tonto que podrías sentirte si no fueras inmediatamente bueno en algo. Probar cosas nuevas fue alguna vez infinitamente emocionante para cada uno de nosotros. Los adultos pierden esa libertad con la edad porque petrifican su concepto de existir dentro del ambiente. Mostrar cualquier debilidad es asesinar la concepción de la existencia, un destino peor que la misma muerte.

No hay nada de malo en especializarse en la vida, pero hacerlo prematuramente cierra la mente a nuevas experiencias. Nuestras especializaciones se convierten en nuestros trabajos, aficiones y en cómo describimos lo que somos en el mundo. Nos acostumbramos tanto a etiquetarnos con ciertos términos que pasamos otros por alto. Lo que eres no es más que un guion inconsciente que arrastras contigo.

El credo cultural nos dice que la expansión de la identidad termina al entrar en la mayoría de edad. Las nuevas habilidades y destrezas se adquieren cuando somos jóvenes o no se adquieren nunca. El conocimiento establecido te convence de que lo que somos cuando terminamos la etapa escolar es lo que estamos destinados a ser por el resto de nuestras vidas. Esta visión extremadamente apática es aceptada en todo el mundo. De hecho, en mi opinión, es universalmente uno de los rasgos más comunes de la humanidad.

A los niños se les perdonan cosas que a los adultos no porque nadie espera que alguien con tan poca experiencia de vida haga algo bien. Como adultos, aprendemos a avergonzarnos cuando tocamos mal una nota en el piano o hacemos un comentario fuera de lugar sobre un tema esotérico. Se perdona mucho menos al hombre o mujer mayor porque se supone que deberían tener un mayor conocimiento. A los adultos no se les concede el permiso necesario para intentar algo que no necesariamente puedan lograr.

La paradoja de aprender en la madurez es que tenemos mayores habilidades, recursos y experiencia que nunca antes, pero no podemos absorber nueva información tan rápidamente como una vez pudimos. Vamos más cerca y más profundamente hacia el conocimiento, pero nos abrumamos fácilmente por cualquier cosa fuera de lo que nos es común. Debido a que los niños no tienen un fuerte sentido de lo familiar, superan esta resistencia. Esa es su única ventaja sobre nosotros. Su entusiasmo natural marca toda la diferencia. No temen a la incomodidad de forzar sus límites personales. Cuando las personas dejan de aprender, existen solamente para perpetuar la forma en que han sido entrenados para ver las cosas hasta el momento. Sus acciones preservan el mundo según los estándares de quienes vinieron antes que ellos. Aprenden las reglas de la vida y pasan todo el tiempo siendo utilizados por esas reglas, esclavos de su propio conocimiento. Superar la creencia de que aprender es difícil puede ser un mayor desafío que aprender como tal, pero es vital para el crecimiento continuo de una persona.

A menudo son los completos novatos en un tema los que adoptan más rápidamente los principios de la adaptabilidad. Las experiencias previas crean predisposición. Heredamos opiniones de quienes ya conocen lo que estamos haciendo. Los expertos están limitados a la vieja información porque su mente ya está ocupada. No pueden tener múltiples ideas dentro de la misma categoría sin aceptar una como absolutamente cierta. Es así como las visiones amplias se vuelven estrechas con el tiempo. Sin importar el poder del intelecto, las emociones no son lo suficientemente fluidas para hacer posibles cambios permanentes. Únicamente las pizarras vacías no tienen que pelear contra la inercia de la experiencia. Si has estado trabajando en lo mismo, viviendo en la misma ciudad, viviendo dentro del mismo círculo social y tratando generalmente con los mismos problemas, has olvidado la emoción infantil por el descubrimiento.

Todo en la vida está en constante cambio, ya sea avanzando o retrocediendo. Sin el impulso para explorar, nos perdemos en los patrones de la conveniencia. Las personas no pueden ver lo que les movería hacia metas más grandes y más atractivas, si es que acaso tuvieran alguna meta explícita. No tienen problemas en llenar sus vidas con propósitos triviales, pero no pueden planificar sus vidas a una mayor escala. Exponiéndote intencionadamente a nuevas influencias, no puedes sino favorecer un progreso significativo. Madurarías más rápido a través de alternativas a lo que ya conoces.

Durante toda mi niñez, luché por adaptarme a la forma en la que otros esperaban que actuara. Sentía que no tenía lo que otros tenían naturalmente, un entendimiento automático de lo que se suponía que debía hacer después. Tuve que empezar a analizar el comportamiento humano, siempre buscando pistas sutiles en el habla y el lenguaje corporal para revelar las expectativas inconscientes de una persona. Esto es parte de lo que inició en mí una obsesión por entender las muchas formas en las que la gente podía relacionarse con los demás en nuestro planeta. Eventualmente, aprendí que podía vencerlos en su propio juego, dominando la adaptación social y la comunicación dirigida.

Quienes nacen en desventaja respetan los detalles que otros dan por sentados, teniendo mayor perspectiva. Ese es el poder singular de la raza humana. Podemos expandir nuestro ser psicológico a través del conocimiento y la práctica. A través de la muerte consciente se eliminan los obstáculos sociales, emocionales, y mentales para la expansión. Entonces viene la renovación. Cuando le prestas atención a aprender tantas reglas de la vida como sea posible, dejas de ser esclavo de las mismas. Empiezan a funcionar a tu favor porque eliges y decides cómo aplicarlas o ignorarlas. Ganas una libertad de elección mayor que la de los hombres y mujeres corrientes. Eres lo suficientemente libre para empezar a dar forma al mundo que te rodea de la forma que deseas, en vez de moldearlo para sus propias necesidades; ese es el poder que yace al otro lado de la muerte y el renacimiento. Te conviertes en un creador.

A menudo se dice que las personas mueren justo después de jubilarse. Cuando se retiran de las actividades que han hecho durante toda su vida, pierden su lugar en la narrativa de la vida. Tal vez se toman un año o dos para vaguear en la playa o jugar ociosos al golf. Pero sin nada más que requiera de su tiempo, sus identidades asumidas empiezan a derrumbarse. Son incapaces de descubrir qué hacer con la libertad que la vida les da. Nunca tuvieron que elegir qué hacer sin tener ninguna obligación.

El diseño de un estilo de vida se basa en tomar el control y forjar un camino a la medida de tu propia satisfacción. Para diseñar cuidadosamente un entorno, debes conocer aquello que te permitirá prosperar. Debes conocer los límites fundamentales de lo que eres. Estos son los límites que probamos una y otra vez a través en la exploración interna y hacia lo desconocido. Cuando sobrevives a lo peor, tienes una perspectiva que muy pocos alcanzan. Tienes una libertad que raramente ha sido conocida.

La gente común no vive de esta forma. Viven sus vidas siguiendo cualquier cosa que reafirme sus roles establecidos. Su búsqueda de estabilidad conduce hacia la complacencia, lo que conduce a la degradación y a la muerte. El mismo año es vivido una y otra vez a través del ciclo de vida de una persona. El patrón debe ser interrumpido de una forma crucial para que ocurra un cambio permanente. Cada uno de nosotros tiene partes que una vez entendimos que eran inaceptables. A los chicos se les alienta hacia ciertas actividades, mientras que a las chicas se les da su propio compendio de reglas. Los enfoques no convencionales en la vida íntima son rechazados en todo el mundo. Creamos etiquetas para categorizar las cosas que no entendemos como pecaminoso, criminal, o perverso.

La vida como extranjero te da licencia para ser diferente. No solo no debes preocuparte en alternar las mismas reglas que adquiriste una vez en tu hogar, sino que los foráneos a menudo no están sujetos a los mismos estándares de comportamiento que los locales. Este estatus de pez fuera del agua te da la oportunidad de redescubrir lo que eres. Todo por lo que aprendiste a sentirte avergonzado puede ser devuelto de nuevo a tu vida. Recuerda por lo que te preocupabas antes de que alguien te dijera por lo que tenías que preocuparte. Estas mismas cualidades todavía existen dentro de ti. Aparecen cuando quitas los obstáculos culturales que han tomado su lugar. Tu programación natural aparecerá solo si te sales de tu propio camino lo suficiente como para permitirlo.

Este es un pensamiento muy intimidante para algunas personas, la idea de que existe otro tú en tu interior enterrado debajo del tú que aprendiste a ser. El ser verdadero, el ser primordial, el auténtico... Cualquier etiqueta que le quieras poner no marca la diferencia. Etiquetarlo es verte como alguien diferente a lo que realmente eres. Lo pone a la vista del mundo, lejos de donde estás observando. Te mantiene estancado en un ciclo de miseria. ¿Cómo alcanzamos algo que se aleja más cuanto más lo perseguimos?

Ese es el regalo que me dio el hecho de haberme roto. No tenía ningún otro lugar hacia donde ir sino hacia donde ya estaba. Y cuando aprendí a observar mi propia existencia como estaba ocurriendo en el presente, sin el relato sobre mi origen, mi destino y sobre qué significaba todo esto, pude empezar a reconstruir mi vida sobre una base sólida. Se vuelve más difícil con el pasar de los años. Hay más falsedades que olvidar y un aferrarse con más fuerza a la concepción de uno mismo. Explicado de una manera más sencilla: las personas más viejas tienen mucho más que perder que los jóvenes. Sin embargo, ello no implica que sea imposible. Existen historias reales de personas que a sus 40, 50 o 60 años han llegado finalmente a conocerse a sí mismos después de una vida entera de búsqueda. Han sido lo suficientemente afortunados para tener una serie de eventos conspirando a su alrededor que los llevó a un estado en el que estaban preparados para la verdad. No todo el mundo recibe esa bendición en el transcurso de su vida o no está tan poco cegado como para poder verlo en el momento que llega.

Pregúntate qué cosas han sido un obstáculo para empezar a explorar este camino. ¿Qué te trajo al punto en el que estás ahora? Luego pregúntate por qué te has detenido tan pronto. Quizá no sepas cómo o bien, probablemente, has decidido permanecer en el estado transicional un poco más de tiempo. Te preocupa lo que podría pasar si te comprometes por completo a renovarte. Deja la idea de que la profundidad necesita esperar hasta que sea el momento adecuado. No hay necesidad de prolongar tus ilusiones sobre ti mismo por más tiempo.

Te puedes comprometer a aprender más sobre tus propias capacidades con cada día que pasa. Puedes seguir tus propias pasiones conocidas hasta sus extremos lógicos. Los efectos que componen tu vida personal y profesional serían más asombrosos. En poco tiempo, podrías no reconocer el lugar de dónde vienes. Ese crecimiento rápido amenaza y confunde a otros, e incluso a ti mismo si le das cabida. Eres simplemente tú siendo lo suficientemente libre de actuar más como tú mismo en el mundo que te rodea.

Adquirimos confianza en nuestras acciones cuando presenciamos el éxito de las mismas. La confianza conduce a mejores acciones: es cíclico, es su naturaleza. Lo que sea que sientas que está desarrollándose en tu interior debes convertirlo tarde o temprano en una acción real. Es así como se descubren nuevas formas de vivir, a través de un acto desconocido en el momento. El espíritu de aventura te guiará hacia esos territorios desconocidos. Cuando estés preparado para dejar tu zona de confort, tendrás más libertad para probar cosas que normalmente no probarías. Solo tus propios límites aprendidos son los que te mantienen atascado en tipos de comportamiento específicos, sean favorables o desfavorables. Tal vez encuentres que tus pasatiempos ya no son tan satisfactorios sin un ambiente conocido sirviendo de contexto. Te sentirías como si estuvieras perdiendo una pequeña parte de ti cuando las viejas preocupaciones simplemente no sean tan importantes como lo fueron una vez. La curiosidad durmiente regresará, impulsándote a diversificarte.

Vivir bajo nuevas condiciones me hizo capaz de desarrollar una profunda apreciación por la ciencia, las artes y la filosofía. Aprendí a unirme con la naturaleza. Empecé a preocuparme por el bienestar animal, la educación, el emprendimiento, el desarrollo de los niños e incluso por escribir. Estos valores no vinieron de la nada y no fueron implantados por nuevas personas a mi alrededor. Derivaron de una facilidad innata dentro de mí que encontró nuevos territorios donde expresarse. Continúo aprendiendo y sigue siendo emocionante para mí no ser capaz de predecir lo diferente que seré dentro de un año. Solo puedo ver muy lejos a través del intrincado camino delante de mí.

Las personas se estancan en la vida porque no exploran su propio comportamiento de nuevos modos. Las condiciones conocidas no lo permiten. El despliegue de una persona comienza como una respuesta a nuevos estímulos reemplazando los viejos. Eso significa que cada persona debe tomar la iniciativa para buscar nuevos estímulos en sus propias vidas en el momento adecuado y a su propia manera. Debes tener el coraje para seguir tu propia curiosidad hacia donde te pueda dirigir.

Así como todas las culturas tienen sus debilidades, encontrarás que existen cosas atractivas en cada una. Todas están cohesionadas por sus propias reglas y a veces algunas de ellas tienen en realidad mucho sentido. Ya no estás obligado a dedicarte completamente a una sola forma de vivir o a un grupo de reglas que seguir. Cada sistema te puede enseñar algo. El artista busca añadir tantos colores como sea posible a su paleta para así poder tener más opciones de expresar su creatividad. Él aprende las reglas, de modo que puede romperlas en momentos estratégicos;

remodela el mundo a su propia imagen, añadiendo pequeños toques de sí mismo allí a donde va.

La gente le teme a lo que no puede categorizar, es decir, a lo que no entienden. Te sentirías perdido por un tiempo sin una categoría sólida a la que pertenecer. No dejes que eso te entorpezca y te lleve a elegir una identidad prematuramente. No existe una única manera de ser viajero, artista, estudiante, superhéroe o filósofo. Aceptas las definiciones de otras personas cuando eres muy débil para construir la tuya propia. Continúa hasta que llegues a ti mismo.

Cada vez que intentes algo nuevo, primero debes aprender los parámetros del sistema del que ahora eres parte. No puedes partir de las mismas grandes conclusiones que percibes en las personas experimentadas. Cambiar es tan intimidante que la mayoría de personas ni siquiera empiezan, y sus metas permanecen eternamente inalcanzadas. Tienes miedo de cambiar para encajar en un sistema que no entiendes completamente. Es por eso que debes estar dispuesto a desmenuzar cualquier nuevo conocimiento que halles. Divídelo en sus axiomas para que puedas usar sus propias directrices y así dominarlos.

Por defecto, nos definimos por los problemas que consumen nuestro tiempo, nuestras cargas. Sin estas, nuestras identidades serían indistinguibles y sin forma. Sin problemas que se impongan en nuestras vidas, los creamos nosotros mismos. Siempre hay algo que debe mantener preponderancia en nuestra mente. Si nuestra supervivencia no se encuentra amenazada, proyectamos nuestros problemas sobre algo trivial. La cantidad total de estrés permanece igual. Las cosas nunca pueden estar en paz por mucho tiempo. El aburrimiento no es sostenible.

La libertad significa elegir por ti mismo los problemas que quieres colocar dentro de tu lista de cargas por resolver. Solo tú eres el árbitro de lo que merece un espacio en tu vida, o por lo que vale la pena estresarse. Si vas a tener problemas, haz que esos problemas valgan la pena. Elige tus cargas con sabiduría. Descubre exactamente por lo que vale la pena pelear y morir: un principio más grande que tú.

Cuando sepas de lo que realmente se trata, estarás en vías de conocer tus principios. Lo que te conduce a un gran cambio es alejarse del dolor y dirigirse hacia los logros. Es condición del ser humano sentirse aterrado de descubrirse a sí mismo porque teme a las profundidades que debe transitar para lograr sus objetivos. Eso es lo que te mostrarán las nuevas habilidades y destrezas que necesitas para hacer lo que sabes que debe hacerse. Este descubrimiento es donde tu vida verdaderamente empieza.

# Parte 7

# Un Nuevo Hogar

## ENCONTRAR TU SITIO EN EL PLANETA

Ser libre significa tener control total sobre las cosas determinantes de la vida. En distintas partes del mundo se limita la capacidad de la población local de elegir sus propias acciones. Esto se realiza a través de las leyes y la presión social que restringen el comportamiento a ciertos límites considerados aceptables. El único escape total de las restricciones culturales es el de abandonar la civilización por completo. Cuando una persona crece segura en el conocimiento de sí misma migra naturalmente hacia donde sería libre para vivir de manera auténtica; quiere ser parte de una cultura que celebre sus valores, no de una que trate de cambiarlos. Quiere además trabajar por su cuenta, porque eso significaría hacer el tipo de tareas que considera gratificantes. Busca su propio sitio en un paisaje totalmente superpoblado.

En este momento, me veo como un hombre sin cultura ni hogar. Aunque todavía digo a las personas que soy de los Estados Unidos, no siento ningún orgullo, lealtad ni identificación con mis raíces allí. California es simplemente el lugar de donde vengo, un lugar arbitrario, donde tuve que nacer y crecer por un tiempo. No es más importante para mi yo actual, que cualquiera de los muchos lugares en los que he estado desde entonces.

Tu hogar puede estar donde sea que te sientas más cómodo, donde puedas ser realmente quien eres. Encontrar ese lugar ha sido parte de mi búsqueda desde que empecé. Mirar más allá de las fronteras imaginarias te permite elegir lo mejor que cada lugar ofrece. Un ciudadano del mundo tiene la oportunidad de mezclar las reglas de cada cultura a través de sus propios valores personales.

"La teoría de la bandera" es la idea de que la mayor seguridad en la vida proviene de diversificar nuestro estilo de vida, ingresos, logros y alineamiento nacional, hacia diferentes partes del mundo donde se puedan encontrar las mejores condiciones para cada uno. Esto te protege de la pérdida en caso de un gran evento desestabilizante y te permite evitar la debilidad tomando toda la ventaja de las fortalezas de un sitio dado. Es una expresión poderosa de la identidad global en el mundo moderno.

Una persona que aprovecha la ventaja de la teoría de la bandera, podría tener pasaportes en dos o tres países en diferentes continentes, ser residente legal en alguna otra parte, tener una cuenta bancaria en otra jurisdicción, registrar sus negocios remotos en un lugar y mantener sus propiedades o bienes en otro. Podría pasar la mayor parte de su tiempo libre como turista en un lugar donde no tiene ataduras. Gracias a que se siente cómoda viendo más allá de los límites nacionales, puede lucrarse de los beneficios singulares ofrecidos por cada lugar. Las variaciones de estilo de vida que esto ofrece son inagotables.

Para un ciudadano global sin lealtad a ningún lugar específico, los pasaportes se asemejan a gloriosos permisos que otorgan las clases políticas que dirigen el mundo. Aunque garantizan ostentosamente mayor libertad de movimiento, también son herramientas efectivas para limitar las acciones de los individuos. Históricamente les han sido retirados a los ciudadanos que no pagaban sus impuestos o que mostraban un comportamiento discrepante ante sus reyes o líderes. En el 2016, los Estados Unidos aprobaron un proyecto de ley que permitía la revocación del pasaporte a cualquier ciudadano que debiera más de 50.000 dólares en impuestos atrasados, una obligación agravada por el hecho de que, a los estadounidenses, se les cobra impuestos sin importar dónde vivan o deriven sus ingresos.

Tener una cuenta bancaria parecería ser una tarea sencilla. Basta con acudir a una sucursal con tu dinero y documentación, y solicitar la apertura de una cuenta. Desafortunadamente, en la mayoría de países que son lo suficientemente estables como para querer guardar dinero en ellos, suelen existir trabas que lo hacen difícil, cuando no imposible, para los no residentes.

Hay excepciones, pero debido a las regulaciones de la FATCA en los Estados Unidos (Ley de Cumplimiento Tributario de Cuentas Extranjeras, por sus siglas en inglés), los bancos de todo el mundo son presionados para informar de los detalles acerca de cualquier ciudadano estadounidense con actividades bancarias. Para comenzar, esto elimina muchas de las ventajas de diversificar tus fondos y, además, ha vuelto reacios a muchos bancos y naciones a trabajar con ciudadanos estadounidenses.

El mejor país, en términos de beneficio de poseer su pasaporte, depende de dónde planees viajar y de la cantidad de esfuerzo que estés dispuesto a realizar para obtenerlo a través de los canales legales oficiales. Para alguien que viaja mucho por Europa, es una buena idea obtener un pasaporte con visado de acceso libre al espacio Schengen. Las naciones más desarrolladas fuera de la Unión Europea obtienen un permiso automático de 90 días por cada 180, pero los ciudadanos de naciones tercermundistas, deben adquirir un visado en su país de origen previamente. Desafortunadamente, convertirse en ciudadano naturalizado en la mayoría de los países requiere de 5 a 10 años de residencia constante y, posiblemente otros requisitos como ser propietario de un negocio con una determinada cantidad de ingresos que generen impuestos. Sin embargo, existen alternativas como el programa de ciudadanía por descendencia del que me beneficié en Armenia, o varias opciones de ciudadanía por inversión para las personas que tienen más dinero que tiempo. Dominica, la nación isleña del Caribe, te "vende" esencialmente un pasaporte por 100.000 dólares de tarifa no reembolsable, o 175.000 invertidos en bienes raíces aprobados. Si eso puede sonarte caro, el coste de algunos programas de otros países se estima en millones.

Sería genial vivir en un mundo lo suficientemente desarrollado políticamente como para permitir una completa libertad de movimiento, comercio y residencia. En 1954 el activista político Garry Davis tenía estos ideales. Fundó la organización sin ánimo de lucro *World Service Authority* (WSA) para imprimir y distribuir lo que llamaba el *"pasaporte mundial,"* un documento de viaje no supeditado a la ciudadanía de ningún país en particular y disponible para cualquiera que pudiera cumplir requerimientos de identificación básicos.

El pasaporte mundial es un gesto noble, pero inviable por el momento. Ha sido oficialmente aceptado solamente por seis países (Burkina Faso, Ecuador, Mauritania, Tanzania, Togo, y Zambia). A pesar de una historia de más de 60 años, la mayoría del mundo lo considera aún un documento de fantasía ilegítimo, útil únicamente para personas sin estado y refugiados sin otra opción para viajar. Aunque hay muchas historias de viajeros yendo a más de 180 países con este pasaporte mundial, viajar con el mismo conlleva un alto riesgo de ser detenido. Eso no significa que alguna forma de ciudadanía no estatal no pudiera volverse válida un día en este mundo cambiante.

Tenemos también el caso de Liberland, el microestado potencial más joven fundado en abril de 2015. Se trata de una pequeña área en tierra de nadie entre Croacia y Serbia. Su presidente Vít Jedlička, un político de la República Checa, se las arregló para crear un país basado en fronteras abiertas, libres mercados e inclusión cultural. Su lema oficial es "vivir y dejar vivir" y reciben a personas de todas las procedencias prohibiendo doctrinas extremistas. Aunque Liberland no ha recibido demasiado reconocimiento oficial por parte de los poderes mundiales, ha recibido más de 400.000 solicitudes de ciudadanía. Se convierta o no en la meca del progreso y la prosperidad que sus fundadores buscan, incluso la infancia actual de Liberland es por sí misma un símbolo de la evolución de los ideales en torno al modo de estructurar una sociedad.

En el estado de Tamil Nadu en el sur de la India está la ciudad de Auroville que comparte muchas de las cualidades de un microestado. Fundada en 1968, Auroville, o la Ciudad de la Aurora, respaldada por el gobierno indio y protegida por la UNESCO, ha crecido lentamente desde los 400 hasta unos 2.400 residentes. Es casa para expatriados de 49 naciones, y sirve como modelo de aquello en lo que la civilización humana se puede convertir si miramos más allá de las distinciones arbitrarias de nuestras sociedades. A pesar de intentar querer marcar el inicio de una transición espiritual hacia el futuro, parece que Auroville ha fallado en la tentativa de vivir de acuerdo a sus ideales utópicos. Dejando a un lado su estancada popularidad, parece hallarse sujeta a muchos de los problemas que sus fundadores buscaban evitar: el crimen, la corrupción e incluso el asesinato están todavía presentes. Aunque pretende ser una sociedad "sin dinero," recibe una amplia financiación externa, y los residentes utilizan fondos internamente como una forma de intercambio. Además, las ineficiencias burocráticas de las que sus fundadores rehuían continúan teniendo peso en las actividades diarias. Por último, habría que indicar que, estando basada en las enseñanzas del gurú indio Sri Aurobindo, tiene más elementos de comuna espiritual que de una ciudad global.

Ni los océanos ni los espacios abiertos están fuera de los límites de un colono moderno. El instituto Seasteading aspira a crear la primera ciudad flotante políticamente soberana en aguas internacionales. Llevando el concepto un paso más allá, una organización privada que se hace llamar Asgardia planea poner un satélite en órbita en octubre de 2017 para establecer el primer estado-nación en el espacio. Cualquiera puede solicitar la ciudadanía en esta nueva nación enfocada en la ciencia, aunque continuarán residiendo aquí en la Tierra. En el reino digital, Bitnation intenta construir una alternativa a los servicios contractuales estatales usando la criptografía y la tecnología de cadena de bloques. Incluso Estonia está ofreciendo ahora residencia digital para personas que nunca hayan puesto un pie en el país (con más de 13.000 registros exitosos en sus primeros 18 meses de implementación), y está estableciendo "embajadas de información" con respaldo del gobierno en suelo extranjero. Estas iniciativas desafían nuestras nociones más básicas sobre lo que es una nación y sus funciones.

Mis propias metas como viajero han evolucionado a medida que crezco en este estilo de vida. He salido casi por completo de la exploración rápida y he puesto mis ojos en establecerme en un lugar que encaje con mis ideales por lo menos durante una parte del año o de manera recurrente. Esa búsqueda me trajo a un pueblo en el valle del sur de Ecuador llamado Vilcabamba, a tan solo una hora de la capital cultural de Loja. Estaba buscando un microcosmos sano y libre de la locura. Fui atraído hacia allí por la gran cantidad de comentarios positivos de expatriados, personas que habían viajado desde todo el mundo para buscar consuelo en este pacífico valle.

Vilcabamba es conocido localmente como "El Valle de la Longevidad." El nombre deriva de los rumores de que sus habitantes viven estadísticamente más que el promedio, con una de las más altas concentraciones de personas centenarias en el mundo. Lugares del mundo como este son llamados "zonas azules," y sus índices de longevidad se atribuyen usualmente a un mejor aire, agua y suelo, un perenne clima primaveral y un estilo de vida que involucra poco estrés y ejercicio regular.

El pueblo en sí, es una mezcla de residentes locales, que han vivido ahí durante generaciones, y de extranjeros de todas las nacionalidades que lo han elegido como su hogar adoptivo. Las fronteras de Ecuador son más abiertas que cualquier otro país del mundo, lo que permite a ciudadanos de todos los países, con la excepción de doce, permanecer hasta tres meses en calidad de turistas. Los ciudadanos de la mayoría de las demás naciones sudamericanas pueden entrar incluso empleando únicamente una tarjeta de identificación. Ecuador es, además, un país perteneciente al escaso grupo de naciones que reconoce la validez del pasaporte mundial. El resultado es una mezcla refrescante de culturas internacionales. Se puede contrastar con una nación como Turkmenistán, que obliga a los visitantes internacionales de cualquier nación de la Tierra a adquirir primero un visado de turista de diez días.

Ecuador, el país más biodiverso en proporción a su área del mundo, atrae a personas que valoran la inmersión en diferentes climas y ecosistemas. Se ha convertido en un paraíso de jubilación para los estadounidenses similar a Costa Rica hace veinte o treinta años, pero sin estar aun totalmente invadido por turistas. El ritmo de vida lento y los exuberantes alrededores naturales me hicieron sentir como si estuviese realmente viviendo como una parte funcional de mi medio ambiente, al tiempo que disfrutaba de los beneficios de aquel mundo humano que había emergido a su alrededor. Como expatriado que era, me quedaba casi siempre solo, libre para tomar mis propias elecciones sobre cómo pasar mi tiempo. Podía ocultarme del mundo entre los árboles o pasar todo el día conociendo personajes interesantes en tiendas y cafeterías.

Cuando me topé con Vilcabamba, estaba buscando un lugar al que pudiera llamar hogar en ese momento y por tiempo indefinido. Tenía que ser un lugar donde pudiese criar a mis futuros hijos lejos de miradas indiscretas y de las agresivas expectativas de la cultura moderna. Estaba tan sorprendido por la combinación singular de elementos que encontré, que compré un acre de terreno con la intención de volver y construir un hogar natural cuando llegara el momento de sentar la cabeza. Hasta hoy, no he encontrado un lugar como ese.

Por mucho que me gustaran algunos de los lugares en los que había estado, cada uno tenía sus propias ventajas y desventajas. Es por ello que creo poco probable que alguna vez me quede en un lugar definitivamente. Preferiría vivir un estilo de vida multicultural que le diera a mi familia acceso a lo mejor que el mundo puede ofrecer, de acuerdo a nuestras propias preferencias y necesidades subjetivas. Puedo hacer estas elecciones porque he trabajado muy duro en descubrir lo que soy y cómo encaja eso en el mundo. Sean cuales sean tus condiciones de partida, es tu deber encontrar lugares que te permitan vivir tu vida como la persona que realmente eres.

Una persona consciente de sí misma y del mundo debe descubrir qué condiciones culturales son las que más se adecúan a lo que realmente es y le importa. La respuesta para mí siempre estuvo en Latinoamérica. Ningún otro lugar en el mundo me ha dado el mismo ritmo lento de vida, ese clima ideal todo el año, la inmersión en la naturaleza y la bienvenida local.

¿Dónde encontrarás tu paraíso, ese en el que lleves tu propio estilo de vida? Seguro que no lo sabrás hasta que comiences a buscar. Primero, debes conocerte lo suficiente para saber lo que buscas. La respuesta te podría sorprender, al igual que lo hará la realidad de estar en un lugar diferente por un buen periodo. Tómate el tiempo para que la novedad no te nuble y dejes de sentirte como un turista. Es ahí cuando realmente empiezas a sentir que vives como una parte del mundo.

Es tentador copiar algo de aquellos que ya han tenido éxito, pero seguir sus pasos solo porque ya se han demostrado válidos no favorece tu identidad singular. Solo estarías cambiando un guion cultural por otro. Quiero advertir a cualquiera que esté considerando tomar el banderín de explorador global para que evite esta trampa. La mentalidad de los turistas es una forma voluntariosa de autoengaño. La realidad inadvertida sobre muchos destinos turísticos es que solo son disfrutables por unas semanas o meses. Ofrecen el estilo de vida equivalente a un rico postre al final de una comida aburrida. Esos primeros bocados son extraordinarios, pero si son lo único que comes, sus abrumadores atributos pierden la gracia al poco tiempo. Empiezas a anhelar algo más porque no son una forma sostenible de disfrutar. No puedes tomar una decisión importante respecto a tu estilo de vida basándote únicamente en la emoción de una nueva oportunidad. Este es el mismo camino que lleva a un esposo a buscar una nueva amante o al estudiante de una universidad privada a emborracharse para terminar con su aburrimiento.

Cuando finalmente tienes la libertad de hacer lo que quieres, ¿cuánto tiempo permaneces despreocupado en esa actitud antes de empezar a hacer algo significativo con tu vida de nuevo? Pasar de repente de no tener libertad a una libertad absoluta es algo peligroso para una mente que aún no ha aprendido a distinguir sus propios anhelos y límites. Una persona paciente sabe ir lentamente para no ser desbordada por la novedad. No hay una sola forma correcta de hacerlo. Cada lugar posee sus fortalezas y debilidades en forma de leyes, geografía y valores culturales. Gracias a que hasta la fecha he vivido en alguna de las partes más pobres y ricas del mundo, tengo una perspectiva más profunda que nunca sobre el espectro de la vida humana en nuestro planeta. Esta me mantiene siempre apreciando lo que tengo, pero siempre me mueve a esforzarme por obtener más. Quienes solamente han conocido la pobreza o la prosperidad total, nunca buscan más allá de lo que se ve desde su estrecha ventanita a la vida.

Mis partes favoritas del mundo son la que están en un estado de desarrollo rápido de pobreza a prosperidad. Son lo suficientemente desarrolladas económicamente como para ofrecer comodidades básicas, pero no han perdido esa autenticidad que viene de la gente que lucha por arreglárselas. Aprecian lo que tienen, pero parecen haber adoptado la ambición de alcanzar algo más. Las generaciones más jóvenes están dispuestas a mejorar y aplicar su nuevo talento en lo que les rodea. Ese es el espíritu innovador de la raza humana que creo que perdemos a medida que nos volvemos muy cómodos. Debemos, hasta cierto punto, sufrir para conocernos por completo. Es en estos lugares intermedios, a los que algunos se refieren como países del "segundo mundo," donde más me siento como en casa. No siempre son fáciles de encontrar; generalmente tenemos un extremo o el otro.

La República de Georgia ha ganado un lugar especial en mi corazón por ser una de esas inesperadas joyas transicionales. Las personas más educadas hablan por lo menos inglés conversacional. Puedes tomar un tren o compartir un taxi hasta casi cualquier lugar del país en solo unas horas por unos pocos dólares. Hay una gran cultura de cafeterías y restaurantes de comida internacional con una gran variedad de precios. Un occidental podría fácilmente disfrutar en Georgia de una vida cómoda moderna por 500 dólares al mes más o menos. Georgia es también el tipo de lugar donde tanto las personas como el gobierno parecen apreciar la presencia de turistas y expatriados. Esto es de vital importancia si la meta de uno es vivir entre personas y no al margen de ellas. Hay muchos lugares en los que he intentado echar raíces donde siempre he sido tratado a nivel público y privado como un invitado no deseado. Ese nunca ha sido el caso de Georgia. Los dirigentes han minimizado la burocracia necesaria para comenzar un negocio, abrir una cuenta bancaria o adquirir una residencia por un periodo de cinco años. Gracias a una muy reveladora política fronteriza, los ciudadanos de la mayoría de países del mundo pueden quedarse hasta 360 días al año como turistas, y literalmente cualquiera puede solicitar la ciudadanía georgiana por decreto presidencial en cualquier momento.

Para mí, estos son los atributos de una nación que da la bienvenida al conocimiento, los recursos y la innovación con los brazos abiertos. Les allanará el camino hacia un futuro muy prometedor si son capaces de mantener dichas políticas. Estos son los indicadores que generalmente considero en el momento de decidir si un país tiene potencial a largo plazo para ser compatible con mis preferencias personales de estilo de vida y planificación estratégica. Son muchas de las mismas razones por las que elegí Ecuador como un lugar donde echar raíces. A corto plazo, me gustaría tomarme un tiempo para profundizar más en el continente africano y ver qué perlas ocultas pasa por alto la sabiduría del viajero convencional.

Las comodidades que requiero son muy básicas ahora: no quiero tener que preocuparme por internet, el agua caliente o la electricidad. No quiero ser tratado como un bicho raro o un simple blanco por vagabundos o ladrones, no aprecio el ruido excesivo y no quiero sufrir una intoxicación por la comida local, lo que, hasta ahora, solo me ha pasado en la India. No soy un aficionado a los inviernos fríos. Si puedo encontrar un sitio que reúna estas características y donde vivir no cueste un ojo de la cara, entonces sabré que he encontrado un lugar realmente especial.

Mi estrategia está hecha a la medida de mis necesidades y puede no encajar con lo que otros requieren para poder expresarse al máximo. Como dice el refrán, "cada maestrillo tiene su librillo." No hay motivo para establecer un hogar en un solo sitio. A las personas les da por pensar en lo que ocurre en Asia o Europa cuando están mucho tiempo en Latinoamérica, y viceversa. Podrías estar de alquiler en un sitio, ser propietario de una casa en otro o relacionar cada uno de tus lugares favoritos para tener siempre un lugar en el que quedarte. Si además se encuentran cerca de aeropuertos internacionales, siempre tendrás una forma fácil de ir de un lugar a otro. Podrías decidir pasar tus veranos en Europa, cuando el clima es más caluroso o, al revés, marcharte en verano para evitar el ajetreo de los turistas que buscan el sol.

No tengo una base de operaciones en Asia aún, pero si alguna vez la tuviera, sería probablemente en Filipinas, a la cual me he referido a menudo como *"la Hawái de los pobres."* Tiene muchas de las mismas cualidades que amo de Ecuador: clima veraniego perpetuo, un coste de vida muy bajo fuera de las ciudades importantes, inmersión plena con la naturaleza y locales que hablan inglés y reciben cordialmente a los extranjeros. Este país y Timor Oriental tienen la característica de ser los únicos países cristianos en Asia oriental. Por muchas razones se trata de la parte más "occidental" del oriente. Adicionalmente, tendría fácil acceso al durián, una fruta tropical grande y con púas que huele a vómito y sabe a paraíso.

Para muchos viajeros, la estrategia de hogares múltiples es la forma más cómoda de ver el mundo y nunca aburrirse en un solo lugar. Es mucho más asequible que reservar hoteles y alquileres a corto plazo en todas partes. Puedes elegir una gran variedad de estilos de vida: desde grandes ciudades hasta pequeños pueblos; bosques lluviosos, playas de arena blanca, villas de montaña o cualquier cosa entre medias. También es la mejor manera de adquirir permisos de segunda residencia y ciudadanía, dependiendo de los requerimientos del país.

Evaluar los estilos de vida hace posible ganarte la vida en un país donde los salarios son altos y los negocios potentes, pero pasarla allí donde el coste de la vida es considerablemente menor. Es común que las personas vivan justo a las afueras de las grandes ciudades donde la renta es baja y viajen diariamente al centro donde perciben salarios altos. El mismo principio puede ser aplicado a escala internacional, donde internet convierte el acudir al trabajo en algo completamente obsoleto. Hoy en día, cualquiera puede dirigir un negocio ubicado en Nueva York o trabajar para una empresa de Londres mientras vive en un pueblo encantador de Méjico o en una playa en Tailandia.

Cuando te liberas de las cadenas de tu pasado, ya no tienes que continuar repitiendo los mismos patrones limitadores por más tiempo. La clave está en renunciar a la fidelidad arbitraria que le tienes al sitio de donde viniste. Aprende a mirar lo que el mundo ofrece con ojos neutrales. Ve allá dónde eres celebrado, no simplemente tolerado. Solo cuando consigues la armonía entre lo que eres y lo que pasa a tu alrededor, es cuando puedes iniciar tu verdadera integración en el mundo.

PARTE 8

# Volver a lo Ordinario

## HACER LAS PACES CON EL PASADO

Sin importar a donde vayas en el mundo ni los cambios de los que seas testigo en tu entorno, habrá algo intrínseco en ti. Todo lo que experimentes, sin importar cuán nuevo y singular sea, toma forma de acuerdo a las reglas que aprendiste en el pasado sobre cómo funcionan las cosas. Tu pasado te indica a qué prestar atención y los valores que debes mantener. Esta es tu cultura primordial, y muchas personas equivocadamente creen que eso permanece configurado de por vida.

Abandonar la narrativa estable que proporciona tu cultura te aísla de tus compañeros hasta cierto punto. Los deseos convencionales no te vuelven a resultar atractivos nunca más. Algo más ha tomado ese lugar. Tu cultura personal se convierte en algo más que el lugar donde creciste y las reglas que la sociedad te enseñó. Esta es tu propia versión personal de la historia, un relato que casi todo el mundo da por sentado como cierto.

Ahora entiendo por qué era imposible para mí volver a mi vieja vida. También sé por qué era imposible que las influencias de aquella me acompañaran a la nueva. No había referencias para el camino que recorría. Miraba como iban quedando gradualmente atrapadas por la influencia abrumadora de su cultura, consolidándose como parte de una identidad grupal más grande en la cual ya no había sitio para mí. Entonces descubrí que las personas solo pueden aprender cosas que encajen con sus suposiciones preexistentes. Las nuevas ideas deben coincidir con lo que ellos estén abiertos a considerar. Abrir la mente a nuevas posibilidades es doloroso. Deshacerse de las viejas y profundamente arraigadas ideas es dañino a nivel psicológico.

Estos límites mentales forman barreras invisibles frente a nuestras acciones. Son la jaula invisible en la que todos estamos confinados. No podemos funcionar fuera de la verdad colectiva de una identidad grupal que nos valida y que confirma las conclusiones a las que creemos llegar por nuestra cuenta. Cuando dejamos de estirar esos límites, tan solo nos volvemos más cerrados en nuestro paradigma funcional de lo que somos y podemos lograr en el mundo. Quienes se dan cuenta de ello deben elevarse por encima de las limitaciones colectivas para llegar al centro de su propio ser.

Cuando las personas hablan del concepto "mente abierta," se refieren generalmente al deseo de incluir nueva información en su visión presente del mundo. Es mucho más difícil valorar los fundamentos de lo que ya se cree. Es bastante difícil destruir lo que consideramos parte inmutable de nosotros mismos. Se trata de un doloroso proceso de inmolación, parecido a un suicidio psicológico. El buscador debe estar dispuesto a soportar el dolor del proceso en pos de la verdad sobre sí mismo.

Es mucho más que simplemente explorar nuevas partes del mundo o nuevas formas de vivir. Se trata de ver los lugares comunes de una forma nueva. La exploración puede realizarse de manera invertida hacia los lugares de donde viniste. Implementa a tu viejo ser lo que aprendiste al sumergirte dentro de lo desconocido. En ese momento comenzarás a ver aquello a lo que todavía te aferras, a pesar de todo el proceso de alejamiento.

La transformación no es solo un nuevo futuro. Es un pasado completamente reconsiderado. Las dos cosas están íntimamente conectadas. Para bien o para mal, tu pasado es el lugar donde elegiste los obstáculos que aparecen de manera regular en tu vida actual. Sin importar a qué nuevos lugares te dirijas, llevas esos conocidos obstáculos contigo. El momento presente se construye sobre todo lo que vino antes y esa es una historia que solamente tú conoces. Eres el único autor que puede volver a escribir sus influencias inconscientes en sus acciones.

Cada viajero sabe que sus experiencias en el mundo influyen en su identidad. Sin embargo, es mucho más difícil incluso para ellos ver cómo su propio pasado parcializa su percepción de lo nuevo. Es momento de investigar dentro de tu propio pasado con la misma desquiciada curiosidad que mantuviste por el mundo en general. Este es un viaje hacia tu cultura personal. Aprenderás a verte a ti mismo como lo hace un desconocido; serás un turista en tus propios recuerdos. Éste es un paso necesario para entender cómo y por qué las cosas llegan a ser de la forma que son.

Observa las relaciones que te formaron. Estamos fuertemente influenciados por las personas con las que interactuamos durante nuestro desarrollo. Ellos forman nuestra línea base para la interacción humana normal. "Familia" es solo una palabra para un arquetipo de relación y dinámicas de grupo en la psique humana. La familia es la primera microsociedad a la que somos expuestos. Esta nos enseña cómo vivir con otras personas. Tu concepción de la familia, o la falta de ella, ha influido en tus ideas sobre cómo interactuar con otros en cuanto a figuras amistosas, románticas o autoritarias.

Como muchos jóvenes rebeldes, nunca fui muy cercano a mis padres durante mi etapa de crecimiento. Incluso en la infancia, veía a mi madre y a mi padre como los encargados de poner limitaciones a este proceso. Sentía que estaba sacrificando mi potencial por el bien de sus concepciones de lo que era normal. Esta imagen represiva se extendió de manera natural hacia mis profesores de escuela, fuerzas del orden, políticos y cualquiera que tuviera un papel limitante sobre mi propia vida. Esta era una parte muy fuerte de mi relato personal y, obviamente, tuvo un profundo efecto en mis acciones.

Tomé esa narrativa familiar conmigo a medida que me iba abriendo camino hacia lugares extraños y desconocidos. Esto me proporcionó instrucciones operativas sobre el modo de relacionarme con muchas de las personas que conocí en las primeras partes de mi viaje. Tenía modelos similares de interacción con chicas guapas, competidores sociales y sobre cualquier otra categoría en mi jerarquía social personal. Para cambiar la forma en que interactuaba con el mundo, necesitaba deshacer aquellos esquemas por completo.

Cuando volví a San Diego de mi primer viaje por Costa Rica, me enteré repentinamente de que mi madre y mi padre estaban a punto de divorciarse después de 27 años de matrimonio. Esa noticia fue un duro golpe tanto para mi madre como para sus hijos. Todo su concepto de identidad había sido puesto patas arriba. Sus verdades inexpugnables habían sido destruidas por un simple y repentino cambio. La persona que ella pensó que era ya no existía, y la comprensión forzosa de ese hecho la estaba destruyendo. Lloraba sola cada noche hasta que se dormía durante meses.

Todas las personas en la vida de mi madre la consolaron con promesas de que todo eventualmente volvería a la normalidad. Su esperanza en aquel momento oscuro yacía en la idea de que con el tiempo sería capaz de continuar la vida que siempre había conocido, pero sin un esposo. Debido a que me había distanciado de mis padres hacía muchos años, no tenía nexos con el relato personal de mi madre en el que ella figuraba como esposa de mi padre. Me encontraba en una posición única para verla con nuevos ojos, como a una desconocida mujer afligida por la pérdida de su vieja vida. Dejó de ser "mi madre," el personaje de mi vieja narrativa. En su vulnerabilidad, vi un lado humano de ella con el que no tenía lazos previos. Elegí en aquel momento salirme de aquellos recuerdos negativos que tenía preconfigurados sobre ella.

Mi madre y yo estábamos cada uno en un punto de vacío en nuestras vidas. Eso fue lo que nos permitió cambiar el criterio establecido de nuestra relación. Pudimos conocernos de nuevo, como si fuera la primera vez, como completos extraños que no compartían historias. Esa pérdida mutua de relatos pasados es la razón por la cual mi madre y yo compartimos una relación sana hasta el día de hoy. Ella tampoco tiene que volver a tratarme como su rebelde hijo pequeño. Nada de eso hubiera sido posible si ambos nos hubiéramos quedado atrapados en las antiguas interpretaciones de lo que éramos. Necesitábamos estar dispuestos a olvidar nuestras suposiciones sobre el otro y sobre nosotros mismos.

Todos alguna vez dependimos del prototipo de nuestra familia para sobrevivir. Es por eso que esta ocupa un lugar muy importante en nuestras mentes, pero también podemos movernos más allá de estas débiles condiciones iniciales. Aprendemos a preocuparnos de nosotros sin esa estructura. No necesitamos recrearla otra vez para funcionar. Las personas que no pueden reexaminar sus pasados nunca completan la transición hacia la total madurez psicológica. Hasta que no puedan eliminar quirúrgicamente las asociaciones conflictivas desde sus orígenes, siempre habrá un límite en lo lejos que pueden llegar, ya que revivirán esos primeros momentos, sin importar qué cambios ocurran a su alrededor.

Las personas que viajan para huir de sus viejas vidas nunca llegan muy lejos. Por supuesto, uno se puede fácilmente montar en un avión y encontrarse a miles de kilómetros en solo unas horas, pero no puede alterar tan fácilmente las categorizaciones que su viejo mundo inculcó en ellos. Llevan su cultura con ellos a cualquier parte que vayan, repitiendo sus efectos fuera de casa. Traen su pasado al presente moldeando la trayectoria de su futuro. Superar la cultura de nuestro país natal no es suficiente. Tienes que liberarte de tu historia personal o permanecer por siempre prisionero dentro de aquel que tus experiencias anteriores te dijeron que fueras, del ADN de tu experiencia recurrente.

Éste es el paso más duro para la mayoría. Incluso cuando crecemos más allá de la necesidad del patriotismo y de un país al que llamar hogar, todavía consideramos nuestro propio pasado personal como sagrado. Es lo que al final nos da el sentido de ser, y es lo que más tememos perder. No sabemos lo que somos sin ello, de la misma forma que un prisionero encerrado el tiempo suficiente olvida cómo transcurre la vida más allá de los límites de las paredes de su celda. El espacio entre la muerte de lo viejo y el nacimiento de lo nuevo es la frontera final para todos y cada uno de nosotros.

Nadie puede cambiar las cosas del pasado. Lo que es necesario cambiar constantemente es la interpretación de esos eventos. Las personas se obsesionan tanto con lo que les pasó, que no pueden notar la diferencia entre el evento como tal y el recuerdo del mismo. Cuando cuentas tu historia, desmontas los detalles más pequeños de cada momento posible que ha contribuido a formar tu presente ser. Cuentas la historia de cómo las cosas terminaron siendo. ¿Qué serías en este preciso momento si olvidases instantáneamente este relato? ¿Cuánto de ti está ahí debido a las cosas que continúas afirmando sobre lo que eres? Cualquier cosa que permanezca cierta una vez que te deshaces de los comportamientos heredados es aquello que realmente te define. También es la única forma de saber lo que realmente quieres de tu existencia.

El hecho de ser consciente de lo que uno quiere parece algo demasiado simple. Sin embargo, somos empujados hacia metas opuestas todo el tiempo. No hay una identidad fundamental, no hay principios definidos que guíen tus acciones hacia un estado no contradictorio de vida. Una persona llega a conocer lo que realmente es abandonando las etiquetas a las que se aferra. Entonces puede actuar sin la interferencia del pasado. Incluso en la claridad de un nuevo ambiente, los compromisos del pasado persisten hasta que el individuo elige lo que realmente le importa. Una persona así es obligada hacia ideales más grandes, libre de los lazos de su pasado aprisionador.

Cuando superas las restricciones de tu pasado, aceptas que cualquier elección que hagas está en tus propias manos. Eres libre de hacer lo que quieras, cuando quieras, sin que las fuerzas de la influencia pasada te limiten. Puedes abandonar tu familia o tu carrera. Puedes iniciar una conversación con alguien nuevo. Puedes subirte a un avión hasta la otra punta del mundo. O puedes no hacer nada. Aceptar la carga de la elección hace de todo lo que hagas algo esencialmente más profundo. Fuera de todo lo que potencialmente podrías estar haciendo en este preciso momento, estás eligiendo leer este libro en vez de otro. Más tarde, elegirás beber un vaso de agua en vez de un whisky escocés. Tal vez mañana elijas ir a trabajar, en vez de dejarlo. La responsabilidad de cada momento de tu vida yace sobre tus hombros. La verdadera madurez empieza en el momento que tomas el control de tus propios pensamientos y acciones.

Alguien que valora su propia existencia no espera a que las circunstancias cambien. Hace lo que puede en cada momento, sin importar el ambiente, para expresar los valores fundamentales que lo definen. Actuar como uno mismo es crear un tipo específico de cambio a la búsqueda de tu propia satisfacción. Armado con ese principio, cada día es una oportunidad de mejorar el nivel de su implementación. Mientras más alta sea tu autoestima, más potencias tu existencia para adquirir lo que desees.

He visitado mi hogar natal en San Diego varias veces desde que me fui. Ahora solo permanece como recuerdo del lugar de donde vengo y como recordatorio de que no pertenezco ahí. No es más mi hogar. Se me presenta ajeno y extraño para la persona que soy ahora, a pesar de que durante la mayor parte de mi vida fue todo lo que conocí.

Ahora es el umbral que contuvo mi crecimiento durante 18 años. A medida que te diversificas en el mundo, regresas a lugares que visitaste anteriormente, pero no se muestran igual. Su influencia en ti será muy diferente porque estarás internamente en un sitio distinto. También he regresado a Costa Rica algunas veces en la última década. A pesar de que continúa siendo entretenido y ocupa un lugar especial en mi corazón, nunca tendrá el mismo efecto mágico en mí que tuvo durante esos primeros años de autoexpansión.

Ahora cada año lanzo la mirada a lo que estaba haciendo por las mismas fechas 12 meses atrás, asombrado de lo mucho que mis circunstancias han cambiado, cuántas nuevas experiencias he vivido y cuánto he crecido. Las personas que viven la misma vida todos los días nunca obtienen esta gran perspectiva sobre los sutiles cambios en su identidad. Esta es una experiencia aleccionadora. Las personas tienden a aceptar cualquier cosa que conciban como límite de lo que pueden saber. La novedad perpetua los fuerza a descubrir la verdad.

Este es el momento en el que eres capaz de hacer las preguntas que alterarán fundamentalmente las formas en que entiendes e interactúas con el mundo. Es por ello por lo que solo quien esté profundamente desesperado encuentra las respuestas que está buscando. Los demás se contentan con repetir los mismos ciclos y resolver los mismos problemas a lo largo de sus vidas. ¿Qué hace falta para salir de tu propio sentido de comodidad identitaria? Tarde o temprano, pasará algo que te dará espacio para reconsiderar tu propio pasado. Debes estar dispuesto a dar un paso fuera de las viejas interpretaciones de tu propia vida. La neutralidad es una bendición; es la luz que dispersa las asociaciones arcaicas haciendo espacio para algo inconscientemente superior.

La persona que sentimos que somos antes de que otras personas empezaran a decirnos lo que éramos no está perdida para siempre. Muchas religiones y filosofías a lo largo de la historia han alentado a la práctica de la meditación u otros rituales de limpieza para despejar la mente de las asociaciones negativas que se eligen a lo largo del camino de la vida. Yo prefiero un enfoque en cierta manera más práctico. A través del cuestionamiento es posible deshacer las ideas que uno ya concibe, sin importar cuánto tiempo hayan permanecido con nosotros. Una mente dedicada puede rastrear cualquier idea epistemológica hacia el pasado, descubriendo de dónde vino y por qué ha persistido tanto. Debes estar dispuesto a responder la pregunta de por qué crees en lo que crees. Será difícil volver a tu pasado más lejano, ahí donde se sostienen las creencias más valiosas, que tienden también a ser las primeras.

Solo cuando hayas encontrado algo realmente irreducible en su complejidad es cuando puedes descansar. Esos son los axiomas fundamentales que construyen todo lo demás sobre ti. No tienen que ver con el sitio de dónde vienes o con las cosas que te enseñaron mientras crecías. Las enseñanzas solamente pueden recordarnos lo que ya existe en nuestra identidad, activando una cierta conciencia y permitiendo acciones de mayor envergadura. Se trata de olvidar lo que piensas que eres y descubrir qué es lo que hay ahí antes que cualquier otra cosa.

Pasar la vida como cualquier otra persona distinta a la que realmente eres es una locura absoluta. Es la locura que conduce a todos los problemas sociales que siempre plagan todo nuestro mundo: la guerra, la pobreza, los crímenes, y la esclavitud en todas sus formas. Para salvarte a ti mismo y a nuestro mundo, tan solo necesitas abandonar el caótico pensamiento culturizante que nos ha conducido por el mal camino durante tanto tiempo. Cuando finalmente eres libre, deseas frenar la propagación de esa locura. Los ciclos se inician de nuevo con cada nueva generación, y tus propios hijos no serán una excepción si no cambias las cosas ahora mismo.

PARTE 9

# Integración con el Mundo

## TU ROL EN LA NARRATIVA DE LA VIDA

Mi meta desde el inicio de nuestro viaje ha sido inculcar en ti la motivación para emprender la transformación monumental que buscas. En el camino podrías encontrar ayuda de otros que hayan llegado más lejos o de quienes inadvertidamente te desafían a crecer a través de los efectos automáticos de su propia existencia. Sin embargo, este es un camino que, tarde o temprano, debe emprenderse solo. Debes sumergirte ambiciosamente en el aislamiento antes de emerger victorioso sobre ti mismo.

El viaje es tanto impredecible como totalmente único para cada persona. Comienza de nuevo en cualquiera que desarrolle conciencia del anhelo dentro de sí mismo. Cada persona da los primeros pasos a su manera. Muchos caen en algunos desvíos convenientes a lo largo del camino y encuentran comodidad temporal en alguna de las muchas distracciones de la vida temiendo lo que viene a continuación. Para algunos, el camino empieza debido simplemente a un accidente trascendental. Las coincidencias los devuelven hacia el pasado a sus puntos de ruptura personal. Desde ese momento, su destino está sellado. Han dejado la órbita de sus viejas vidas y no pueden volver nunca más.

Iniciar el viaje es fácil. Reconocer su final es mucho más complicado. No existe una línea final que cruzar ni un concurso que ganar. El juego permanece jugándose mientras existas. La mayoría de las personas no puede aceptar que no hay un gran final dentro del desarrollo personal. Algunas tienen la codicia agresiva de buscar un estado sublime de iluminación, lo que es una característica ficticia que atribuimos a un héroe necesario a quien poder ir mirando en nuestro ascenso interminable. El concepto de iluminación evita que alguna vez dominemos nuestras limitaciones adquiridas. En vez de eso, deberíamos aspirar a convertirnos en fuerzas ideales para implementar en el mundo nuestros auténticos valores a través de nuestras acciones.

Conocer tu lugar en el mundo es más que conocer la localidad a la que perteneces. Se trata de conocer cómo operarías como una parte interactiva del mundo. Este conocimiento describe tu trabajo y tus relaciones; son tus aficiones y actividades caritativas. Cada acción que tomas es un cambio que traes al mundo. Puedes crear cambio sin función actuando solamente en base a tu reacción al ambiente hasta el momento que expires. O puedes elegir el cambio específico por el que quisieras apostar moldeando tu ambiente a su imagen.

Quienes nunca emprenden el viaje quedan siempre estancados en su propia locura. Es una tortura para ellos vivir en su constante compañía, eternamente dividida en su contra. Adoptan incontables formas de buscar un propósito más grande, pero vivirán sus vidas sin sentir que hicieron lo que realmente querían. ¿Cómo podrían hacerlo? No se conocen lo suficiente como para saber el modo. Cada uno de nosotros busca un propósito más grande fuera de nosotros mismos cuando nuestras necesidades físicas momentáneas están satisfechas, pero pocos tienen los medios para seguir ese camino.

Cuando hayas descubierto tu rol en el mundo, tendrás entonces la difícil tarea de expresarlo de manera congruente con las formas y maneras que manejan las personas de este mundo. Tienes que tomar lo que te resulta valioso y encontrar un lugar para ello en los corazones y mentes de los demás. Piensa en todas las cosas que alguna vez has hecho por la única razón de poseer un sentido profundo de autorrealización. Imagina profundamente a qué dedicarías tu tiempo si no tuvieras que hacer nada. Debes ser lo suficientemente valiente para responder por qué no pasas todo tu tiempo haciéndolo. Una respuesta honesta en ese momento configurará tu trayectoria por el resto de tu vida.

La respuesta más probable es que estás tan sobrecargado de problemas que te es imposible hacer espacio para lo que realmente quieres hacer. Pero la respuesta verdadera es que has heredado inconscientemente las limitaciones culturales sobre lo que puedes hacer con tu tiempo. No puedes hacer las cosas que realmente quieres porque el mundo no te ha dado permiso. Al igual que las barreras para viajar son ahora psicológicas en su naturaleza, las barreras para la pasión son las mismas. La autoconciencia individual debe ir más allá de estos límites para encarnar los principios que despiertan sus emociones. Descubres lo que es cuando has explorado lo que queda más allá del viejo ser, y se muestra qué cosas pasarás tu vida haciendo y deshaciendo.

Este nivel de enfoque requiere que elijamos conscientemente lo que queremos y no dejemos que nada nos impida lograrlo. Requiere que conozcamos lo suficiente para determinar lo que nos interesa perseguir más allá de periodos de calma. Las metas que establezcas ignorarán las expectativas del mundo porque se encontrarán en sincronía con lo que realmente quieres. Pregúntate cuánta de tu propia vida es realmente vivida por ti, y no por algo externo que de cierta forma arrastra su camino dentro de tu sentido de identidad. Si titubeas al adentrarte en el camino más directo desde donde estás hacia dónde quieres estar, siempre estarás limitado en lo que puedes lograr.

Se cree que mientras más duro trabajas por algo, más valioso se vuelve. La cultura nos dice que despreciemos a quienes obtienen lo que desean sin romperse la espalda en el camino. Intuitivamente odiamos a las personas que aplican su intelecto en un campo donde otras no lo hacen, sintiéndonos amenazados por cualquiera que establezca grandes metas para sí mismo. Mientras una persona crea que mejorar su propia vida está fuera de su control, denigrará a las personas apasionadas. Tomas un gran riesgo social cada vez que vas en contra de la marea porque amenazas con romper el lazo de la identidad compartida. Este nexo puede ser superficial, como lo es nuestro aspecto físico. En él nace la supremacía racial. Puede ser incidental, como el lugar donde nos tocó nacer. En este nace el llamado nacionalismo. O puede ser ideológico, como los valores que moldean nuestras acciones. Es por esta razón que quienes proclaman valientemente lo que defienden son una amenaza para los demás.

Cuando te identificas con valores, adoptas una visión radical en cosas ordinarias. Una profesión pasa de ser una rutina de trabajo económicamente impuesta a ser la oportunidad de aumentar tu influencia en el mercado. Trabajas en las cosas que realmente te importan generando dinero y haciendo lo que amas. Esto es lo que significa la libertad. Incluso si terminas en un lugar que parece igual a lo que el camino convencional ofrece, el cómo y por qué estás ahí resultará totalmente único para ti. La realidad física de tus acciones no importa tanto como pretendemos. Lo que importará es el impacto psicológico, que es donde reside el significado. Como autor de tu propia narrativa, la interpretación de cómo inviertes tu tiempo será lo único que importe.

Esta inversión de la influencia cultural señaliza el inicio de tu nueva vida. En lugar de ser víctima de la cultura, te conviertes en su creador. Tu cuerpo es un mecanismo para cambiar la realidad en base al tipo de mundo en el que quieres vivir. No te verás obligado por las impresiones iniciales que el mundo colocó dentro de ti. Creerás en lo que crees porque tiene sentido para lo que eres. Estructurarás las actividades de tu vida en torno a lo que funciona.

Una parte de mí siempre ha pensado que, si el mundo descubriera lo que realmente soy, me rechazaría. No estarían listos para lo que he visto dentro de mí. Estuve tentado gran parte del tiempo a irme lejos del mundo humano y permanecer solo hasta morir. Ya había adquirido la adaptabilidad que necesitaba para sobrevivir física y espiritualmente. Había crecido completamente cómodo con mi propia existencia, y no le tenía miedo al aislamiento de los de mi especie. No veía ninguna forma en que la persona que era pudiera coexistir con el mundo tal y como lo percibía. Sentimientos similares han resonado infinitamente en el pasado por el camino de los individuos hacia su autoconciencia. Seguramente, muchos siguieron el camino llevando consigo estas nociones para nunca más saberse de ellos.

Recientemente, esa ambición cambió. Tal vez me volví más fuerte. Tal vez me volví más consciente de cuál era realmente el problema y me di cuenta de lo que podía hacer al respecto. De una forma u otra, llegué a la conclusión de que sí tenía un lugar en el mundo. Todavía tenía algo de tipo extraño (viviendo al límite y haciendo las cosas de la forma que quería), pero no renunciaría a las huellas de la sociedad. En realidad, todo lo que he visto me da un lugar más ventajoso desde donde trazar mi participación en el mundo. Ahora veo mejor aquello que las personas necesitan y sé con qué cuento para proveerles de ello.

No podía simplemente aceptar el rol más fácil que la vida me podía ofrecer. Gregory Diehl tenía que ser alguien con quien pudiera vivir. Se trataba de presentarme como el tipo de persona que el mundo pudiera aceptar, pero que pudiera impulsarlos a progresar. Aquello se convirtió en el acto de equilibrio de permanecer exactamente un paso más allá de su complacencia. Demasiado lejos los podría molestar y no lo suficiente sería benigno. Mediante ensayo y error, experimenté con la manera en la que el mundo respondería a diferentes versiones de mí. Lo que descubrí fue que existía un tipo de personas que en cierto punto de su vida podría valorar mucho lo que yo tenía que ofrecer. Me buscaban y permanecían conmigo cuando me encontraban.

No importaba si no podía resolver los problemas más grandes del mundo. Había un dominio específico donde podía afectar a la forma de pensar y de actuar de las personas. Ahí fue donde perfeccioné mi rol en el relato de la vida. Aún más importante, lo pude hacer sin traicionar los principios que ahora sabía que me definían, y en el mundo tal y como realmente era, sin importar lo que durara. No le temo a la pérdida de estabilidad en el rol que habito. Las personas que piensan que necesitan vivir de cierta forma hasta morir o retirarse han neutralizado su propio potencial. No les va a ir bien en un mundo cada vez más exigente.

Cuando visité Ghana durante unos meses a finales de 2014, tomé el rol de enseñar iniciativa empresarial a un grupo de jóvenes que habían viajado a Kumasi, para participar en el *Campamento Anual de Libertad y Emprendimiento*, organizado por la asociación *Africa Youth Peace Call*. Ghana era una especie de anomalía cultural para mí. Había visto casi cualquier variante de pobreza o inestabilidad infraestructural, a lo largo y ancho de los demás continentes en los que había estado, pero en Ghana sentí que los cortes de energía y agua diarios, eran aceptados de una manera que nada tenía que ver con ningún otro lado. Los ghaneses que conocí eran amigables casi por defecto, pero también parecían mirarme como una fuente interminable de limosnas casuales. Era diferente a los delincuentes y vagos a los que estaba acostumbrado. Parecía como si tuvieran una visión infantil del dinero, que no tuvieran demasiada idea de dónde venía, o por qué alguien que tenía una cantidad relativamente grande de dinero, no se sentía feliz dándoselo a cualquier otro que tuviera menos por el hecho de pedirlo. Me di cuenta de que transmitir los principios del emprendimiento verdadero, era probablemente el rol más valioso que podía interpretar para ellos en aquel momento; ayudarles a adoptar la mentalidad de participantes productivos en una economía global.

Cualquiera que sea el rol que vaya a interpretar en el impredecible mundo futuro, será acorde con lo que soy porque soy consciente de lo que puedo hacer mejor para coexistir en este mundo y producir los mecanismos de influencia necesarios. Lo demás lo descubriré llegado el momento. He ganado esa certeza de improvisación a través de toda una vida luchando por encontrar mi lugar en diferentes condiciones. Esto me ha preparado para un futuro abierto donde cualquier cosa puede pasar, y me puedo convertir en quien necesite ser, para vivir bajo mis principios. La persona que actualmente interpreto es la mejor persona que hasta ahora he logrado ser, ofreciendo al mundo lo que percibo que necesita y lo que estoy mejor cualificado para proporcionar. En la intersección de lo que deseas producir y lo que tu ambiente necesita, es donde encuentras tu papel en el mundo. Nadie lo puede ser todo para las demás personas, porque estás limitado en lo que puedes hacer, y todos los demás lo están en su atención.

A todas las partes del mundo a las que voy, veo sistemas rotos, sufrimiento e ineficiencias. Gracias a esta elevada conciencia, puedo elegir preocuparme o no y actuar de acuerdo a estas observaciones o ignorarlas. Tú tienes la misma conciencia sobre ciertos dominios en tu propia vida. Cada día eliges si preocuparte o actuar. A pesar de que he aprendido a apreciar las cosas buenas de cada cultura, la perspectiva también ha hecho los defectos abrumadoramente obvios para mí. Tengo una mente afinada para detectar los errores en todo. Veo la debilidad en cómo las personas actúan y la energía desperdiciada en la forma que funciona una ciudad. Soy muy sensible a todas las maneras en las que la gente podría estar viviendo mejor si trabajaran juntos, pero no puedo ayudarlos más de lo que puedo ayudar a los niños chinos pobres, creciendo como prisioneros en una existencia utilitaria. Ellos no quieren mi ayuda. Nunca considerarían la posibilidad o la necesidad.

Cada extraña experiencia me ha mostrado hasta ahora una parte de mí que no podría haber conocido de ninguna otra forma. Había muchas piezas bloqueadas en mí, que solo podía intuir desde lejos. Fueron desbloqueadas a través de experiencias únicas que le mostraron a mi cerebro que los límites estaban más lejos de lo que originalmente pensaba. El mundo es un libro de muchas páginas esperando a ser leído. El "yo" es una biblioteca de tomos ancestrales en idiomas que no puedes comprender por completo. Creces acostumbrado a los personajes que encuentras en el primer estante, y nunca llegas a conocer lo que queda en el vasto campo que abarcas. Estoy emocionado por lo que me puedo convertir a medida que junto recursos, aprendo nuevas cosas y veo cambio en el mundo.

No importa que no haya una cultura en este planeta apropiada para lo que busco ser. Gracias a que nos dirigimos hacia un futuro más allá de las fronteras, no estoy limitado a lo que lo convencional permite. Los exploradores arreglan los elementos de los sistemas que les rodean al servicio de sus identidades. Cuando es necesario, construyen nuevos sistemas para lo que desean. Quienes no tienen un lugar entre nuestra especie, pueden hacer el suyo convirtiéndose en la personificación ideal de sus principios. Cuando has visto lo que necesita cambiar en el mundo, tus emociones te dan la fortaleza para actuar. En cada relato, los personajes necesitan una motivación para el desarrollo de sus historias, un tipo específico de placer y dolor que los definan.

Tu misión más grande será al final coincidir con cierto segmento del mundo que necesite lo que haces. Nadie tolerará lo que no puedes respetar. Trabajarás en función de que nadie más tenga que sentir ese dolor que conoces muy bien. Lo has sobrellevado. Puedes manejar el fuego cuando otros no pueden. Tu superpoder es definirte por la influencia que tienes en todo el espacio que te rodea. Sé lo suficientemente valiente para consumir una dieta baja en información, y deshacerte de todos los demás pensamientos de tu mente.

PARTE 10

# Moldear el Futuro

### ASUMIR TU INFLUENCIA

Desde el primer momento en que nos volvemos conscientes de nuestra propia existencia, comenzamos a comprender cómo funciona el mundo. Debido a que nacemos débiles, invariablemente endosamos a nuestros padres la carga de prepararnos para la vida tal y como ellos la conocen. Nos muestran no solo cómo sobrevivir, sino también a sentirnos a gusto con nuestra propia existencia. Nos transmiten lo que saben para que seamos capaces de navegar el mundo sin ellos. Las ideas que inculcan persisten en nosotros a lo largo de la vida, haciendo de sus asuntos sin resolver una parte también de nuestra vida.

La ironía de esta triste situación es que la independencia no puede ser mostrada por alguien que no puede resolver sus propios problemas. La madurez emocional no puede ser demostrada por alguien que no se expresa en su totalidad. Las instrucciones para vivir no pueden ser dadas por personas que no han aprendido a hacerlo. No resulta sorprendente que la vasta mayoría de nosotros nos volvamos psicológicamente atrofiados en la niñez. Pasamos el resto de nuestras vidas ocultando nuestras habilidades gracias a las influencias en el desarrollo que tuvimos en nuestros años más sensibles. Pocos son capaces de usar el dolor de sus primeros años para impulsarse hacia la grandeza personal.

Los niños son los más afectados al vivir en una sociedad estructurada para el movimiento constante. No hay momento que pase sin un plan específico para el mismo, pues la cultura sabe de antemano cómo se irá desarrollando en cada una de sus etapas. En el momento en el que la mayoría de las personas alcanzan su madurez, aún no han experimentado la vida sin instrucciones. La búsqueda de identidad es pospuesta por demandas sociales. El paraíso, una vez que se pierde, difícilmente se encuentra de nuevo. Algunos retoman la búsqueda unas décadas después cuando se dan cuenta de que algo anda profundamente mal en sus vidas, pero la mayoría muere sin haber realmente vivido. Cuando los niños no se pueden expresar sin restricciones, son dejados con un sentimiento de vacío espiritual que persiste hasta que mueren.

Todos nosotros, de una forma u otra, fuimos criados inadecuadamente porque crecimos sin las herramientas que necesitábamos para descubrir quiénes éramos, y así poder actuar de lleno sobre ese descubrimiento. Nos enfrentamos a un dilema: o bien aprendemos de los errores del pasado, o bien los repetimos con nuestros propios hijos. El traspaso de valores a la nueva generación es lo que concluye el ciclo del autodescubrimiento, aunque es a menudo el paso que más se pasa por alto. Los padres y educadores tienen los trabajos más importantes del mundo porque nos dicen explícitamente cómo deberíamos pensar y qué deberíamos creer. La mayoría no se da cuenta de la importancia de su rol en el desarrollo humano. Creemos en lo que nos enseñan porque no tenemos nada con qué contrastarlo. Simplemente, no podemos imaginar existir de otra forma. La educación convencional deviene en que la población no tiene ni idea de lo que significa realmente aprender *motu proprio.*

Los padres convencionales ignoran el destino del niño casi por completo. Asumen que otros saben lo que es mejor para el individuo. Así es como la identidad grupal se sobrepone a la conciencia individual a lo largo de todo su desarrollo. El aprendizaje colectivo existe para destinar al individuo a existir dentro de los límites de su identidad cultural. Al restringir la diversidad en el aprendizaje individual, también restringimos la profundidad de lo individual. Estamos preparados para la vida como miembros funcionales de un paradigma social arbitrario que será repuesto con cada generación venidera.

Durante mi primer viaje a Europa, fui contratado por un centro de educación preescolar en Italia. La escuela estaba inspirada por la filosofía educativa de María Montessori, desarrolladora de un modelo de educación alternativo que ahora es usado en escuelas que llevan su nombre por todo el mundo. Cuando hablé con el director antes de aceptar el empleo, me enfatizaron lo diferente que podría ser la estructura de aprendizaje y el nivel de libertad dado a los niños en comparación con las escuelas comunes. Querían dar a los niños la oportunidad de guiar su propio aprendizaje desde la edad más temprana posible. Consecuentemente, solo querían profesores que entendieran esta filosofía en su nivel más fundamental, por lo que estaban muy entusiasmados de trabajar conmigo.

Sin embargo, cuando llegué ahí, la realidad de la formación de los niños que vi fue rotundamente diferente a la imagen que me habían pintado de antemano. Los niños, incluso los de tan solo dos años, ya tenían unos ajustados horarios que les marcaban a qué actividades específicas dedicar las horas del día. Aunque me habían contado un mejor relato presentado entre sonrisas, yo no dejaba de ser al fin y al cabo una parte de esa estructura que servía para definir exactamente cómo se desarrollaría la niñez de aquellos "reclusos." Me pareció que incluso bajo las circunstancias más progresistas, era imposible escapar de los efectos limitantes que nuestras instituciones escolares tienen sobre los jóvenes durante sus años de formación.

Estas estructuras culturales son incompatibles con el aprendizaje real. La educación auténtica consiste en llevar a una mente a su sana madurez. Se trata del movimiento propio desde la futilidad hasta el poder en el ciclo de la vida alimentado por la pasión y la curiosidad. No puede ser forzado sin auténtica confianza. El educador enciende esta curiosidad en personas jóvenes para explorar toda la capacidad de sus experiencias humanas. Son entrenadores y guías para esta evolución personal interminable que deben supervisar el descubrimiento inicial de la identidad. El niño inmaduro es simplemente un turista en un país extranjero, y sus guardianes son guías turísticos presentándoles su forma de vivir.

Una cosa es cierta. Cada uno de nosotros criará a sus niños en un mundo bastante diferente al que crecimos. No podemos prepararlos para los desafíos a los que se enfrentarán, utilizando lo mismo que aprendimos en nuestra propia formación. Solo si valoran la humildad estarán listos para satisfacer las demandas del cambio perpetuo que nuestro mundo está creando. Esto únicamente ocurre cuando los padres superan su lealtad con su propio y extinguido pasado. Los padres deben adoptar la neotenia para convertirse de nuevo en alumnos e, igual que los niños, deben siempre cuestionarse todo lo que percibían como cierto. Esto requiere de un pacto total con la honestidad, sin ignorar nunca nueva información que invalide nuestras creencias más importantes. Se debe mantener durante toda la vida la curiosidad innata que comúnmente se pierde en la madurez, a medida que nos sentimos demasiado cómodos en nuestro entorno.

Criar a un niño consiste en invertir una parte de ti dentro de la identidad de otra persona. Esa inversión se devuelve diariamente a través de las demandas que los niños crean para ver a sus mismos padres crecer. Si estás abierto a ello, encontrarás que tus hijos tienen tanto para enseñarte como tú a ellos, siempre y cuando veas las cosas a través de sus ojos inexpertos. Los niños nos atan al crecimiento. Pueden desbloquear nuestra capacidad emocional, que es por lo que los adultos inmaduros se sienten tan incómodos a menudo junto a ellos. Exponen partes de nosotros que intentamos mantener ocultas a toda costa. Cada niño aboga por mostrar a los adultos que el mundo es un lugar seguro para autoexpresarse. Tu misión es transmitir lo que has aprendido, pero darles el espacio para que encuentren sus propias identidades.

La falacia de los influencers es creer que su trabajo es implantar en la mente de otros las mismas ideas que ellos llegaron a alcanzar durante el curso de su propio viaje personal. Esta actitud es el enemigo del progreso. Cada uno comienza su viaje desde cero en un momento diferente y bajo circunstancias distintas. Algunos toman el mando donde tú lo dejaste, pero nunca será exactamente lo mismo. La adaptación significa resolver ahora los problemas del hoy y preparar el terreno para cualquiera que sea el problema mañana. Si no podemos salir de nuestro propio camino, reproducimos aquellos mismos problemas que ya sabemos cómo resolver.

Quienes están seguros de su propia identidad no necesitan forzarla en otros. Cada persona quiere naturalmente compartir sus valores con quienes escuchan, pero solo las personas rotas tratan de convertir a los demás en copias de sí mismos. Tomar el rol del liderazgo significa ayudar a otros a convertirse en lo que son, no a volverse de la forma que has descubierto que eres. La importancia arbitraria dada a tu propio ser es una forma sutil de narcisismo. La batalla final, y a la que muchas personas llegan tan solo para perderla, es simplemente superarte a ti mismo. Todo comienza y termina contigo. Eres lo más importante en el universo y absolutamente insignificante a la vez. Cuando puedas aceptar esas verdades duales, estarás listo para llevarnos al resto hacia donde necesitamos estar, a tu propia manera y a tu propio tiempo.

Los detalles de cómo lo logras realmente no importan. Serán diferentes para las habilidades y ambientes de cada persona. Todos descubrimos lo que somos capaces de hacer a través de experiencias únicas. Todos podemos ayudar a otros a liberarse de las barreras de su cultura. Mi camino me mostró que mi mejor cualidad era mi habilidad para comunicar información importante, persuadiendo a la gente a emprender grandes acciones. Preví que podía pasar toda mi vida explorando las múltiples opciones para hacer que eso pasara. La forma en que creas influencia será un producto de lo que eres. Puedes estar orgulloso frente al mundo, preparado para que acepten o rechacen el cómo eres realmente.

Todo lo que una persona hace lo hace al servicio de la concepción de uno mismo. Solo puedes proponer ideas que tu audiencia está lista para escuchar. El oyente debe querer recibir tu oferta. Tal vez tengas una idea de la historia que intentas contar, pero no sabes cómo hacer que sea escuchada en un mundo que se vuelve más ruidoso cada día. No sabes cómo ser único e impactante sin sacrificar tu identidad auténtica. Las mismas personas que te desprecian o ignoran podrían ser las que más necesiten tu influencia. No se trata de dejar tu hogar atrás. Se trata de convertirte en un ser humano que merezca vivir en nuestro mundo. Actuando así, también haces que valga la pena vivir en el mundo. Así es como superamos la gran lucha del hombre contra sí mismo y de esta forma poder vivir para ver hacia dónde llegará la historia en nuestro tiempo de vida. Existe un modelo a escala de los males de la sociedad que se está reproduciendo en la pantalla de tu mente ahora mismo. La única forma de ayudar al resto del mundo es resolver el acertijo de tu propia ilusión acerca de quién eres y qué quieres representar.

El mundo en primera instancia rechaza cualquier cosa que se salga de sus parámetros, pero, llegado el momento, respetará a cualquiera que se alce firme y orgulloso frente a la raza humana siendo él mismo. Esto te colocará en una categoría única, un punto de referencia de aquello en lo que las personas se pueden convertir. Otros te emularán inconscientemente porque tu existencia les muestra nuevos límites de lo que es posible. En toda su extensión, tu influencia no traerá sino un poco más de orden al universo. Al final, o te conviertes en alguien que merezca la pena ser vivido o nunca llegas a vivir del todo.

Este es mi deseo antes de que nos despidamos, que tomes las lecciones mostradas aquí y las pongas en práctica a través del laboratorio que supone tu propia vida. Un principio aplicado bajo condiciones distintas produce resultados ilimitados, ninguno más completo que el último.

Cada nueva vida es una oportunidad para volver a intentarlo; cada identidad, un método diferente. Cada acto es una señal colocada para que otros la perciban e interpreten. Si persistes lo suficiente, atraerás a las personas que necesitan tu ayuda concreta para superar esos obstáculos que les preocupan. Se trata de un lazo recíproco que permite que cada parte se exponga a partes más importantes del conjunto. La cultura no es el enemigo cuando crea crecimiento para los individuos que la componen. Esta evoluciona como un aliado contra las pruebas del mañana. Cada uno de nosotros se vuelve más fuerte mientas más nos unimos a las personas que conocen nuestro viaje. Ellos nos retan y nos alientan. El individuo independiente acepta su lugar en un relato más grande, dando y recibiendo lo que se necesita para crear cambio para todos.

Algún día las naciones no estarán delimitadas por las barreras heredadas del ayer, sino que serán forjadas orgánicamente a través de ideales compartidos y ayuda mutua. La familia significará algo más que nuestras circunstancias de nacimiento y las asociaciones más tempranas. Mediante la influencia, te conviertes en un ejemplo para otros como tú, o cuyas identidades complementan la tuya. Empiezas a ver más allá de tus propios límites para formar estructuras sociales únicas basadas en metas y valores compartidos. Te conviertes en mucho más de lo que podrías ser por tu cuenta, pero solo si eres lo suficientemente valiente como para comunicar tus necesidades y aceptar el dolor de los demás.

El mundo necesita la versión más genuina de ti mismo, y puede que solamente necesites experimentar el mundo para encontrarla. Ves y hazlo.

# Epílogo

Dejas la seguridad de tu vieja vida sin plan ni camino.

Muchos alentarían a cualquiera a que sin motivo abandonara su vieja vida en búsqueda de la renovación personal. Ese no es el camino hacia la libertad. Viajar es solo uno de los muchos catalizadores posibles que podrían acelerar el camino hacia la liberación.

Cualquier plan involucra a otros. No puede ser únicamente tuyo.

Tu camino no será igual al de los demás. Solo la introspección te puede mostrar qué partes del pasado estás listo a desmantelar. Solo la curiosidad te puede señalar la dirección correcta. Los viajeros utilizan todo lo que el mundo ofrece a fin de encontrar sus identidades.

Si no te abres camino a medida que avanzas, no llegarás a ti mismo.

No esperes a que las cosas cambien. Lánzate firme y dispuesto hacia la incertidumbre. Haz lo que sea difícil hasta que deje de serlo. Permítete crecer de todas las formas en las que eres capaz.

Rompe las reglas de la cultura y conviértete en lo que verdaderamente eres.

## Sobre el autor

Criado en California, Gregory Diehl se embarcó a temprana edad en una búsqueda global de aprendizaje, autodescubrimiento e investigación. Gregory ha vivido en 50 países y continúa ayudando a los demás en el camino de la autorrealización mediante la exploración.

Los libros de Gregory, *Desarrollando la Identidad de la Marca* y *Viajar para Trascender*, son bestsellers de Amazon. Su podcast, *Uncomfortable Conversations With Gregory (Conversaciones Incómodas con Gregory)*, llega a lo más profundo del ser. Es el cofundador de *Identity Publications*, una organización que comparte mensajes de gran valor mediante la producción y promoción de libros, cursos y videos. A Gregory le gusta "secuestrar" felinos de las calles por todo el mundo.

Correo electrónico: contact@gregorydiehl.net

# Reconocimientos

Cada mensaje sustancial precisa de una puesta a punto antes de que esté listo para el gran público. La persona directamente responsable de poner en orden lo que he querido transmitir aquí, es mi querida amiga y colega Anastasia Petrenko. Ella es también la persona a la que he recurrido para ayudarme a preparar mi trabajo para los mercados extranjeros. Gracias a su esfuerzo y lealtad, mi voz tendrá un mayor impacto y alcance global.

Mi aprecio también va dirigido a un grupo de lectores de *Viajar para Trascender* que me ayudaron a seleccionar partes de mi trabajo que no transmitían las cosas de la forma en las que yo quería hacerlo. Esa retroalimentación me permitió adaptarme mejor al tipo de persona que podría beneficiarse más de mi historia. Mil gracias, Chris Backe, Rebecca Cable, Greg Curtin, Kevin Hoelschi, Maria McMahon, JC Mitchell, John Spence, Jackson Sullivan y Daniel Walvin.

Aunque cada camino es único para cada explorador, a veces existen otras personas que nos pueden enseñar algunas cosas que nos resultaría muy difícil ver por nuestra cuenta. Una de ellas para mí es la gran y poderosa Helena Lind, cuya influencia continúa impregnando mi desarrollo personal y profesional en el mundo. Espero que algún día podamos compartir espacio tridimensional el uno con el otro... y con nuestros gatos.

También hemos recibido una enseñanza de un explorador que ha luchado para recuperar su propio ser volviendo a sus raíces un cuarto de siglo después de abandonarlas. Xavi Parellada, el narrador en español de la versión audio de este libro, quien, tras muchos años como locutor de radio y televisión en Barcelona, se perdió entre el humo y los espejos de la vida, para volver a los 50 años a lo que era su vocación desde pequeño; la locución. Una prueba de que jamás es demasiado tarde ni se es demasiado mayor para dar al mundo lo mejor de uno. En este caso, su voz y talento. Él también ha sido, junto a su colega Luis Vicent, el encargado de adaptar y corregir este libro al español.

Descubra dónde viven ideas únicas y significativas.

Haz clic "Me gusta" en nuestra página de
Facebook.com/IdentityPublications

Seguirnos en
Twitter.com/identitypublic

Suscríbase a nuestro canal de
Youtube.com/c/IdentityPublications

Más información sobre nuestro enfoque de publicación:
IdentityPublications.com

www.ingramcontent.com/pod-product-compliance
Lightning Source LLC
Chambersburg PA
CBHW021149080526
44588CB00008B/277